KB145301

개발 함정을 탈출하라

개발 함정을 탈출하라

진정한 가치를 창출하는 프로덕트 매니지먼트의 길

멜리사 페리 지음 권혜정 옮김

i!i
에이콘

에이콘출판의 기틀을 마련하신 故 정완재 선생님 (1935-2004)

"프로덕트 매니지먼트라는 직무를 정의하고 조직 관점에서 풀어낸 책이 드디어 나왔다. 멜리사 페리가 경험, 사례, 전문 지식을 버무려서 (수많은 책들이 놓쳐온) 프로덕트 매니지먼트의 정의, 이 직무가 팀과 조직에 불어넣는 가치, 훌륭한 프로덕트 매니저가 되는 법을 선명하게 표현해낸 걸작이다. 프로덕트 매니저뿐만 아니라 경영자도 읽어야 한다. '프로젝트'적 사고방식을 고발하고, 프로덕트 중심 기업이 되기 위한 실질적인 방법을 알려준다. 꼭 읽으시길."

― **제프 고델프**Jeff Gothelf

『린 UX』, 『Sense & Respond』 저자

"기업 전체가 프로덕트에 집중할 때 얼마나 놀라운 결과가 나올 수 있는지 보여주는, 보기 드물고 배짱 있는 프로덕트 매니지먼트 지침서다."

―데이브 핑크Dave Pinke

프랙티싱 로 인스티튜트Practicing Law Institute

"실행 가능한 도구, 기술, 실제 세계의 사례 연구로 가득한 이 책은 혁신 속도가 빨라지는 이 세상에서 프로덕트 중심으로 조직을 꾸려 성공에 이르는 방법이 담긴 강력한 통찰을 제공한다. 경영자, 기업가, 비즈니스 리더가 읽어야 하는 책이다."

— 배리 오레일리^{Barry O'Reilly}

이그젝캠프 설립자이자 『Unlearn』, 『Lean Enterprise』의 저자

"프로덕트 매니지먼트를 위한 새로운 필독서다. 프로덕트 매니지먼트는 자존심이 잔뜩 들어간 운의 영역으로 치부될 때가 너무 많다. 멜리사는 이 프로덕트 매니저의 실무와 규율을 보여준다."

— 제프 패튼^{Jeff Patton}

프로덕트 매니지먼트 코치이자 『사용자 스토리 맵 만들기』의 저자

"이 책은 조직이 프로덕트를 두고 저지르는 가장 큰 실수를 직접 꼬집어 말하고, 실행 가능한 발전 방향을 제시한다. 멜리사 페리는 프로덕트 매니지먼트를 둘러싼 가장 절박한 전술적 질문들에 대답하며, 실제 사람들에게 실제 가치를 제공한다는 단 하나의 전략에 집중한다. 고객의 필요를 채워주고 사업 목표를 달성시켜줄 제품을 개발하려는 조직이라면 꼭 읽어야 한다."

— 매트 르메이^{Matt LeMay}

『Agile for Everybody』, 『Product Management in Practice』의 저자

"기능만 찍어내는 공장, 온갖 것을 개발하느라 바삐 움직이는 조직들이여, 그 자리에 멈추라. 이 책을 읽고 사용자들을 위해 가장 중요한 문제들을 해결하는 방향으로 초점을 옮기자. 모든 직급의 프로덕트인들이 공감하며 통찰을 얻어갈 수 있는 책이다. 프로덕트 매니저의 책장에 없어서는 안 될 책이다."

— 디렉터 데이브 마스터스 Dave Masters

realtor.com 프로덕트

"고객에게 꼭 맞는 프로덕트를 개발해서 제공할 수 있도록 프로덕트 조직을 최적화하는 것만큼 까다로운 일도 드물다. 이 책은 바로 그 방법을 알려주는 보물이다. 저자의 깊이 있는 경험에서 나온 풍부한 예시와 명쾌하고 솔직한 조언으로 가득한 이 책은 고객이 아끼고 사랑하는 제품을 만들고자 노력하는 조직으로 거듭나기 위한 실용적인 전략을 알려준다."

— 블레어 리브스 Blair Reeves

『Building Products for the Enterprise』의 공동 저자

"소프트웨어 위주로 돌아가는 프로덕트 업계의 프로덕트 매니지먼트 직무는 다른 분야와 근본부터 다르다. 그리고 이 직무를 잘 수행하는 방법을 제대로 알려주는 자료는 거의 없다. 그래서 멜리사 페리가 이렇게 훌륭한 프로덕트 매니지먼트 책을 썼다는 게 얼마나 기쁜지 모른다. 프로덕트 매니저로 성공하고 싶은 사람, 실질적인 프로덕트 역량을 깨우치고 싶은 조직을 위한 정석으로 손색없다."

— 제즈 험블^{Jez Humble}

UC 버클리 프로덕트 매니저 교수 및 저자

"이 책은 기업들이 효과적인 성장을 위해 프로덕트 조직을 확장할 때 꼭 챙겨야 할 지침서다."

— 셸리 페리^{Shelley Perry}

인사이트 벤처 파트너스^{Insight Venture Partners} 벤처 파트너

"프로덕트 중심 조직이 되려고 노력 중이라면 이 책을 곁에 둬야 한다. 조직 문화부터 프로덕트 매니지먼트 직무까지 총 망라된, 문제 파악과 해결을 위한 훌륭한 지침서다. 나도 여러 권 사서 고객사들에게 선물하려고 한다."

— 애드리언 하워드^{Adrian Howard}

콰이어트스타스^{Quietstars} 프로덕트 코치

"프로덕트 매니지먼트, 전략, 개발을 다룬 훌륭한 책은 많다. 나는 그런 책을 추천할 때 '이건 스타트업 위주니까 다른 책을 봐야 해', '이건 UX 관점이야', '이 책은 스크럼을 하는 프로덕트 책임자 이야기가 많아'라는 식으로 의견을 덧붙인다. 하지만 이 책은 부연 설명이 필요없는 완전체라는 점에서 특별하다. 짧고 명쾌하며 탄탄한 이론을 바탕으로 내일 당장 실행할 수 있는 방법들을 제시한다. 남들의 반응에 맞춰 기능이나 프로젝트를 찍어내는 공장에서 탈피해, 프로덕트를 중심에 두고 영향력을 중시하는 조직으로 거듭나는 방법을 본격적으로 다룬다. 심지어 재미까지 있다. 가상의 회사 마케틀리 이야기가 중심을 잡아준다. 이 일에 몸 담은 사람이라면 연신 공감하며 읽을 것이다."

"축하해요, 멜리사! 정말 굉장해요."

— **존 커틀러**^{John Cutler}
앰플리튜드^{Amplitude} 프로덕트 에반젤리스트

"일단 읽고 나면 당장 모든 동료에게 추천하고 싶어질 책이다. 탁월한 프로덕트 매니지먼트의 중요성을 설명하고, 탁월한 프로덕트 매니지먼트 문화를 가꾸기 위한 실질적 접근법을 제시한다. 무언가를 출시하거나 납품하는 조직에 속해 있는데 제대로 된 결과물을 선보이고 있다는 확신이 서지 않는다면 당장 멈추고, 이 책을 읽고, 공유하자."

— **데이브 즈베니치**^{Dave Zvenyach}
컨설턴트 겸 전 18F 디렉터

멜리사 페리^{Melissa Perri}

훌륭한 프로덕트 리더를 기르는 것이야말로 훌륭한 프로덕트를 만드는 열쇠라고 믿고 있다. 프로덕스 랩의 CEO로서 기업의 프로덕트 조직이 효과적으로 확장할 수 있도록 도와주고 온라인학교 프로덕트 인스티튜트를 설립해 차세대 최고 프로덕트 책임자를 양성하는 프로그램을 운영 중이다. 연사로서도 세계적 명성과 인기를 얻었다. 코넬대에서 운영 연구 및 정보 공학^{Operations Research & Information Engineering} 학사학위를 받았다.

감사의 말

이 책을 쓰는 건 지금까지 제 커리어에서 가장 어려운 도전이었습니다. 가족, 친구, 동료들의 전폭적인 지원이 없었다면 불가능했을 길고 험난한 여정이었습니다. 더 없는 감사의 마음을 전합니다.

프로덕스 랩에 있는 우리 팀원들, 프로덕트 인스티튜트 학생들에게 감사합니다. 여러분 덕분에 우리가 프로덕트 매니지먼트의 미래를 함께 일구고 있다는 생각으로 아침마다 눈을 뜹니다.

협력자이자 멘토로서 저를 아낌없이 지원해주는 인사이트 벤처 파트너스의 셸리 페리Shelley Perry, 2년 동안 4가지 버전의 원고를 검토하면서 지금의 책이 완성되기까지 도와준 케이시 칸첼리에리Casey Cancellieri에게 감사드립니다.

오라일리 출판사와 안젤라 루피노Angela Rufino 편집자님은 책을 내는 과정에서 무한한 인내와 함께 방향을 제시해주셨습니다.

브리짓 샘버그Bridget Samburg 편집자님은 제가 집필을 끝까지 마칠 수 있도록 도와주셨습니다. 글쓰기에 대해 정말 많이 배웠습니다. 편집자님이 없었다면 책이 나오지 못했을 거예요.

넓은 아량으로 초기에, 막판에 원고를 검토해주신 분들이 계십니다. 기프 콘스터블Giff Constable, 애드리언 하워드Adrian Howard, 레인 골드스톤Lane Goldstone, 존 커틀러John Cutler, 시몬 베넷Simon Bennett, 데이브 마스터스Dave Masters, 케이트 그레이Kate Gray, 블레어 리브스Blair Reeves, 데이비드 즈베니치David Zvenyach, 엘렌 치사Ellen Chisa, 제레미 혼Jeremy Horn, 라이언 하퍼Ryan Harper, 데이브 핑크Dave Pinke, 프랜시스 클로즈Frances Close 모두에게 감사드립니다.

지난 날 심도 있는 대화를 통해 저에게 많은 가르침을 주신 프로덕트 매니지먼트, UX 디자인, 애자일, 린 스타트업, 린 분야 여러분께도 감사드립니다. 제가 선입견을 깨도록 도와주시고, 다른 업무 방식을 보여주시고, 지지해주셔서 감사합니다.

2년 동안 저와 매주 만나서 아이디어를 나누고, 의견을 주고받고, 때로는 꼭 필요한 분출구가 되어준 북클럽 친구들에게도 감사드립니다. 데이비드 블랜드David Bland와 배리 오레일리Barry O'Reilly가 없었다면 책을 완성하지 못했을 것입니다. 제가 제 정신을 유지하게 붙잡아줘서 고마워요.

마지막으로 우리 가족에게 감사드립니다. 가족이 없었다면 지금의 저도 없었을 테니까요. 작은 소녀에게 빌 게이츠 같은 어른이 될 수 있다고 말해주고, 언젠가 컴퓨터 엔지니어가 될 거라고 동네방네 떠들고 다니도록 응원해주고, 여전히 컨퍼런스에서 모든 강연을 지켜봐주며 모든 여정을 응원해주는 가족입니다.

저의 전부인 부모님 조앤Joanne과 살바토레Salvatore, 동생 제니Jenny에게 감사드립니다.

옮긴이 소개

권혜정(aeki.me/kwonejeong@gmail.com)

국민대 시각디자인학과를 졸업했다. 지금까지 『내부 고발자들, 위험한 폭로』(에이콘, 2015), 『피, 땀, 픽셀』(한빛미디어, 2018), 『계획된 불평등』(이김, 2019), 『데이터 시각화 교과서』(책만, 2020), 『코드와 살아가기』(글항아리사이언스, 2020) 등을 번역했다. 각종 음원 사이트를 통해 〈자장열차〉를 비롯한 자작곡들을 공개했다.

옮긴이의 말

이 책을 번역하기 시작하면서 저는 번역 함정에 빠졌습니다. 프로덕트. 말 그대로 제품입니다. 이 책에서 가장 중요한 단어 'product'를 뭐라고 번역할지를 두고 처음부터 고민이 많았습니다. 책의 주 배경인 IT 업계에서는 영어 단어 그대로 발음하는 '프로덕트'가 분명히 많이 통용됩니다. 하지만 번역가로서 저는 '제품'으로 마음이 기울었습니다. 한국어 문장 안에 더 자연스럽게 녹아들고 더 많은 사람이 쉽게 이해할 수 있고 글자 수가 적어서 경제적이기도 한 선택입니다. 제품 관리자라는 말을 썼다가 프로덕트 매니저라는 말을 썼다가 갈팡질팡하는 마음을 따라 모두 바꾸기를 반복했습니다. 이대로는 안되겠다 싶은 마음에 사전적 의미가 같은 두 단어 제품과 프로덕트의 미묘한 차이를 알아보기로 했습니다. 마침 책을 번역하면서 배운 훌륭한 프로덕트 매니저의 자세를 본받아 저도 학습을 시작했습니다.

기존에 나온 프로덕트 매니지먼트 관련 책, 블로그 글, 채용 공고 등을 뒤져보고 이 책의 독자가 될 만한 주변 IT 업계 종사자 분들의 의견을 묻기도 했습니다. 프로덕트 매니저가 고객과 대화를 나누는 것과 마찬가지죠. 그 결과 옷, 그릇, 책상 같은 물건은 '제품', 손으로 만질 수 없는 서비스 같은 제품은 '프로덕트'인 것 같다는 답이 돌아왔습니다(참고로 프로덕트와 서비스의 개념 차이는 본문에 설명되어 있습니다). 모호하면서도 명쾌한 정의라고 생각합니다. 당장 'IT 제품'을 검색해보면 노트북, 스마트워치처럼 IT 기술이 접목된 물건을 소개하는 쇼핑 섹션이 나오는 반면, 'IT 프로덕트'를 검색해보면 프로덕트 매니저, 프로덕트 디자이너 같은 커리어에 대한 결과물만 나오니까요. 나중에는 전통적 개념의 물리적 제품 외에 이러한 무형의 제품을 나타내는 새 단어가 생기면 좋겠다 싶지만 우선은 이런 현실적 정의를 따라 프로덕트의 손을 들어주기로 했습니다. 그 대신 IT 업계에서 제품이라는 말도 함께 쓰고 있고 더 쉽고 간단한 한국어 단어가 묻히지 않길 바라는 마음도 있기에 제품이라는 단어도 중간중간 함께 넣었습니다. 그렇게 저는 번역 함정에서 탈출했습니다.

저자 멜리사 페리는 프로덕트 매니저라는 직책의 역할이 제대로 정의되지 않은 시절부터 이 새로운 일에 도전하면서 프로덕트 매니지먼트의 의미를 생각해왔습니다. 개발자에게 자세한 사양문서를 작성해주기만 하면 된다고 생각하던 시절을 지나, 고객의 목소리를 듣고, 진짜 문제를 파악하고, 끝없이 배우고, 이 모든 일이 가능해지도록 조직 구조를 개선하는 방법이 담긴 이 책을 완성했습니다.

이 책이 특별한 점은 애자일 같은 특정 방법론이 아니라 프로덕트 매니저의 본질에 대한 이야기라는 것입니다. 새로운 방법론이 유행하고 잊히는 와중에도 늘 단단하게 지켜야 하는 코어 근육 같은 프로덕트 매니저로서의 기본 자세를 알려줍니다. 그래서 IT 프로덕트 매니지먼트에 국한되지 않고, 제가 번역 함정에서 탈출했듯이 직업인으로서 빠질 수 있는 다양한 함정에서 탈출할 수 있도록 도와줄 책입니다. 번역을 마치면서 유독 많은 사람에게 이 책을 추천하고 싶은 이유입니다.

프로덕트 매니저가 사랑해야 하는 것은 번뜩이는 아이디어, 최첨단 기술, 새로 떠오르는 방법론이 아닙니다. 자신이 관리하는 프로덕트를 통해 해결해야 하는 문제 자체를 사랑해야 한다고 멜리사 페리는 말합니다. 이 책은 프로덕트 매니저로서 문제에 접근하고, 고객의 목소리에 귀 기울이고, 그러면서도 남들의 목소리에 휩쓸리지 않고, 데이터와 실험을 통해 가설을 검증해서 마침내 해결 방안을 도출하는 프로덕트 매니지먼트 과정이 총망라되어 있습니다. 기업마다 다른 업무 방식과 상관없이 어디에나 적용되는 프로덕트 매니지먼트의 본질을 알려줍니다.

차례

1부 | 개발 함정

말하자면 똑같은 행동만 반복하면서 어떤 일이 계속 잘 굴러가기를 바랄
수는 없다는 뜻이다. 뭔가 다른 시도를 해야 했지만 정말 어려운 문제가
남아 있었다. "이게 뭘까?" 이 질문에 답하는 과정에서 수많은 실수를 하
면서 알아낸 가장 중요한 사실은 이랬다. 우리는 고객이 누구인지, 그들
이 사업을 하면서 진정으로 해결하고 싶어하는 문제가 (우리의 기존 사업
부문에 딱 맞지 않는 문제라도) 무엇인지 알아야 했다.

– 마이클 델[1]

이 책은 프로덕트를 만드는 사람을 위한 책이다. 졸업을 앞두고 프로덕트
매니저가 되고 싶지만 아직 이 직업에 대해 잘 모르는 대학생, 이제 막 전장
에 뛰어들어 나침반이 필요한 새내기 프로덕트 매니저, 이제 막 부사장으
로 승진해 조직을 꾸리고 성장시키기 위해 도움의 손길이 필요한 프로덕트
매니저, 경쟁력을 강화하고 싶어하는 거대 조직의 책임자를 위한 책이다.

10여 년 전 나는 온라인 회사의 프로덕트 매니저로 일했다. 느릿느릿 쉬지
않고 방대한 요구사항 문서를 작성해 개발자들에게 보냈다. 솔직히 스스로
폭탄이 된 기분이었다. 우리 프로덕트들의 성과를 측정하기 시작할 때마다
참혹한 현실의 폭격이 쏟아졌다. 머지않아 나는 내 제품들이 아무도 쓰지

---

1   톰 포스터(Tom Foster, '마이클 델: 나는 어떻게 다시 기업가가 되었나', 〈Inc.〉지 2014년 7~8월호

않는 쓰레기라는 것을 알게 되었다.

그것은 내가 어떤 함정에 빠졌음을 깨달은 첫 번째 순간이었다. 나는 이제 이 함정을 '개발 함정'이라고 부른다. 기능들을 세상에 내놓고 (대부분 나만 의) 멋진 아이디어들을 잔뜩 개발하는 데 치중한 나머지 그 기능들을 통해 어떤 성과를 내야 하는지는 미처 생각하지 않았다. 우리 회사의 목표나 사용자들의 필요를 내 일과 연결하지 못했던 것이다.

나는 나아지고 싶었다. 더 좋은 프로덕트를 만들고 싶었다. 당시 린 스타트업이 부상하기 시작했고 나는 실험하는 법을 배웠다. 엔지니어 출신으로서 공감되는 바가 많았다. "과학 연구를 하듯이 내 작업 안에서 테스트할 수 있단 말야? 데이터를 활용해서 의사결정에 영향을 줄 수도 있다고? 나도 끼워줘." 이런 심정이었다.

프로덕트 매니저로서의 업무에 내가 배운 모든 것을 열과 성을 다해 적용하니 내가 만든 기능들이 관심을 받기 시작했다. 팀원들과의 호흡도 좋아졌다. 우리는 포기할 줄 모르는 실험기계가 되었다. 그 노력은 헛되지 않았고 우리가 만드는 제품은 점점 나아져갔다.

그 경험이 내게 영감을 주었다. 더 배우고 싶고 이런 업무방식을 시행할 기회를 더 갖고 싶었다. 사탕가게에 온 아이처럼 프로덕트 매니저로서 발전하는 데 필요한 모든 절차와 체계를 빨아들였다.

그렇게 몇 년을 보내자 컨퍼런스에서 내 경험담을 들려달라는 초청이 들어오기 시작했다. 내가 무엇을 배웠는지, 그 배움이 어떤 도움이 되었는지 이야기할 수 있다는 것이 좋았다. 머지않아 이런 강연이 다른 사람들에게도 유용하다는 것을 알게 되었다. 내게 조언을 구하는 프로덕트 매니저, 리더, 디자이너가 점점 늘어났고 2014년 나는 컨설턴트로 진로를 바꾸었다.

지난 몇 년 동안 나는 프로덕트 매니저들에게 그런 조직적인 방식을 가르쳐왔다.

"우리 프로덕트 매니저들은 뭘 해야 할지를 몰라요." 경영자들은 내게 이렇게 말한다. "소비자들과 이야기하고 실험적으로 생각하는 법을 배워야 해요." 내가 함께 일해본 프로덕트 매니저들은 대부분 회사의 다른 부서에 있다가 관련 경험 없이 직무를 바꾼 상태로 배움에 목말라 있었다. 사람들을 도와주고 그들이 나아지는 모습을 보고 있으려니 내 천직이 무엇인지 알게 되었다. 그것은 프로덕트 매니지먼트의 미래를 일구는 것이다.

2년 전부터 나는 바로 이런 프로덕트 매니저들을 위해 이 책을 쓰기 시작했다. 그들의 발전을 도와주고 싶었다.

그런데 일이 커졌다.

이 책을 2년이나 붙잡고 있을 생각은 전혀 없었다. 3개월 안에 끝냈어야 했다. 하지만 초고 집필을 마무리하는 동안 내가 가르쳤던 프로덕트 매니저들과 다시 연락하고 있었는데 과거의 패턴이 다시 고개를 들었다. 그들은 이전 습관으로 되돌아갔다.

"왜 사용자들과 대화를 안 하시죠? 왜 이제 실험을 안 하시죠?" 내 질문에 그들은 회사 조직 차원의 문제를 털어놓았다.

"기능을 출시해야 제 상여금이 나와요. 연말이 코앞이라 출시해야 해요." 한 회사에서 들은 말이다.

"우리가 출시를 안 하니까 상부에서 화가 났어요. 사용자 조사를 하고 있었지만 그 분들에게는 가치가 없어보이는 거예요. 뭔가 내놓지 않으면 제 입장이 곤란해져요." 다른 사람이 말했다.

개발 함정에 빠진 것은 프로덕트 매니저뿐만 아니라 조직 전체라는 것을 금방 알 수 있었다. 팀내 업무 과정을 개선하는 것만으로는 부족했다. 프로덕트 매니지먼트를 제대로 뒷받침하도록 회사 전체를 개편해야만 했다.

그래서 프로덕트 중심 조직에 중점을 두고 책을 다시 쓰기 시작했다. 당시 나는 수십억 달러 규모의 기업들로부터 대대적인 프로덕트 전환 프로젝트를 이끌어 달라는 요청을 몇 개 받은 상태였다. 경영진이 프로덕트 중심적 사고방식을 갖도록 자문하면서 다시 한 번 내가 배운 것들을 실행하고 싶은 마음이 간절해졌다. 그리고 그 실행 경험은 나에게 거꾸로 어마어마한 깨달음을 주었다.

지금 세상에 나온 『개발 함정에서 탈출하라』는 3년 동안 4번째로 다시 쓴 버전이다. 직무, 전략, 과정, 조직 역학이 회사 프로덕트에 미치는 영향에 대해 내가 배운 내용이 모두 담겨 있다.

이 책은 훌륭한 프로덕트 매니지먼트를 통해 개발 함정에서 벗어나도록 도와주는 안내서다. 프로덕트 중심 조직이 된다는 것의 의미를 들여다보자 (그림 P-1). 그런 조직을 이루는 4가지 구성 요소를 먼저 소개하면 다음과 같다.

- 올바른 책임과 구조를 갖춘 프로덕트 매니저 직무를 만든다.
- 바람직한 의사결정을 끌어낼 전략을 갖춘 프로덕트 매니저를 선발한다.
- 실험과 최적화를 통해 무슨 프로덕트를 개발할지 결정하는 과정을 이해한다.
- 모든 구성원을 지원해주는 올바른 조직 정책, 문화, 보상을 통해 프로덕트 매니지먼트를 순항시킨다.

직무
전략
절차
조직

그림 P-1 프로덕트 주도 조직

이 책에는 마케틀리라는 회사가 등장한다. 허구의 회사이지만 마케틀리의 이야기는 내가 정식 프로덕트 매니저로서 직접 경험했거나 내가 함께 일했던 회사들에서 실제로 있었던 사건을 바탕으로 썼다. 이 책에서 마케틀리가 개발 함정을 빠져나와 프로덕트 중심 조직으로 변모하는 과정을 함께하자. 여러분의 회사가 프로덕트 중심형인지 평가해보고 싶다면 부록에 실린 간단한 질문들에 답해보자.

지난 10년 동안 나는 프로덕트 매니저, UX 디자이너, 개발자, CEO, 기업가, 컨설턴트, 고문, 교사, 학생이라는 많은 역할을 맡아왔다. 내게 가장 중요한 역할은 맨 마지막인 학생이었다. 지금까지 내가 배워온 것이 얼마나 되는지 생각하면 저절로 고개가 숙여진다. 이 책에서 그 배움을 공유하게 돼 기쁘지만 아직도 배울 것이 너무나 많다는 사실을 잘 알고 있다.

29

때로는 부담스러운 프로덕트 매니지먼트라는 영역에서 이 책이 독자들의 길잡이가 되어준다면 좋겠다. 계속 배우자. 계속 실험하자. 계속 발전하자. 소비자들은 여러분에게 의지하고 있다.

프로덕트 매니저에 대해 더 알고 싶다면 우리 회사의 온라인 학교[Product Institute]에 들러 보자. 팀원부터 경영자까지 모든 프로덕트 매니저에게 도움이 되는 교육 과정을 계속 개발 중이다. 그리고 차세대 최고 프로덕트 책임자를 양성하는 교육기관인 프로덕스 랩[Produx Labs]에서 셸리 페리[Shelley Perry]의 인사이트 벤처 파트너스[Insight Venture Partners]와 새로운 협력관계를 맺었다. 이 분야의 미래는 창창하다.

이 책을 읽어주시는 모든 분께 감사의 마음을 전한다.

프로덕스 랩 CEO

멜리사 페리

요즘 세상은 기업이 고객을 중심에 두고 산출물이 아닌 성과에 집중하는 문화를 도입해야 경쟁력을 유지할 수 있는 전쟁터다. 그러나 산출물에 죽고 사는 기업은 고객의 필요를 채워주기보다 정해진 일정에 맞춰 기능을 쏟아내다가 개발 함정에 빠지곤 한다.

저자 멜리사 페리는 프로덕트 매니지먼트의 기반을 탄탄하게 다지면 고객들이 실제 겪는 문제를 해결해주는 동시에 사업 목표를 달성할 수 있다고 말한다. 조직의 구조 안에서 소통하고 협력하는 방법을 이해하면 기업과 고객이 모두 행복해지는 프로덕트 문화를 일굴 수 있다. 이 책을 통해 규모와 관계 없이 어떤 조직에나 적용할 수 있는 프로덕트 매니지먼트 원칙을 배워보자.

기능을 통해 가치를 만들어가야 할 기업이 기능 출시 자체에만 급급해지는 원인은 무엇일까?

확장 가능한 방향으로 프로덕트 조직을 꾸리는 방법은 무엇일까?

프로덕트 계획이 기업의 비전 실현과 경제적 성과 달성으로 이어지도록 프로덕트 전략을 수립하는 방법은 무엇일까?

반복적인 프로덕트 프레임워크를 통해 적절한 가치 창출 기회를 모색하고 추구하는 방법은 무엇일까?

산출물이 아닌 성과에 집중하는 문화를 일구려면 어떻게 해야 할까?

> "기업 전체가 프로덕트에 집중할 때 얼마나 놀라운 결과가 나올 수 있는지를 보여주는, 보기 드물게 배짱 있는 프로덕트 매니지먼트 지침서다."
>
> — 데이브 핑크Dave Pinke
>
> 프랙티싱 로 인스티튜트Practising Law Institute

개발 함정

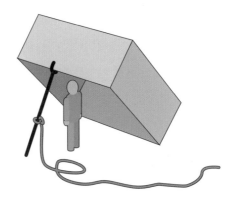

성과물이 아닌 산출물을 성공 기준으로 삼다가 옴짝달싹 못하게 됐을 때 소프트웨어에 들어가는 기능의 실제 가치는 확인하지 않고 기능을 개발해서 출시하기에만 급급할 때 기업은 개발 함정이라는 덫에 빠진다. 사용자에게 효용 가치를 전달하지 못하는 조직은 시장점유율을 잃으면서 무너지기 시작한다. 이 개발 함정에서 빠져나오려면 탄탄하고 계획적인 프로덕트 매니지먼트 관행을 발전시켜야 한다. 그럴 때 프로젝트 매니저는 비로소 사업 가치와 고객 가치를 극대화할 기회를 찾게 된다.

"크리스, 이건 지금 있는 프로덕트 매니저만의 문제는 아니에요. 그들은 아직 풋내기니 경력직을 뽑아야 합니다. 절차, 전략, 조직상의 문제도 목표 달성에 걸림돌이 되고 있어요." 나는 말했다.

마케틀리의 CEO 크리스는 회사의 현 상태에 대한 솔직한 이야기를 듣고 싶어 나를 불렀다. 마케틀리는 온라인 마케팅 교육회사다. 디지털 마케팅 전문가 강사들이 마케틀리의 온라인 플랫폼에 강의를 게시하면 개인회원들이 월정액을 내고 수업을 듣는다.

6개월 전 크리스는 회사 프로덕트 매니저들을 교육, 지도하기 위해 나를 고용했다. 이 회사는 매년 30%씩 꾸준히 수익을 늘리면서 빠르게 성장하고 있었다. 단기간에 수백 명을 고용해 다양한 프로젝트에 투입했다. 그 중 상당수가 개발자이다 보니 머지않아 그들을 도와줄 프로덕트 매니저가 필요했다. 스크럼Scrum이라는 애자일 프레임워크Agile Framework를 도입한 다음이었다.

그래서 관련 경험이 없는 마케터들에게 프로덕트 매니지먼트를 맡겼다. 마케틀리 수강생들에 대해 가장 잘 아는 사람들이었기 때문이다. 마케틀리의 사례는 내가 여러 회사에 자문해주면서 흔히 볼 수 있는 경우였고 회사의 역량만 놓고 따질 문제가 아니었다.

나는 마케틀리의 프로덕트 부사장 카렌과 면담했다. 그는 3개월 전 신입 프로덕트 매니저 수십 명을 감독하는 역할로 부임했다.

"저는 웃기지도 않는 압박을 받고 있어요." 카렌은 내게 말했다. "영업부는 기업 고객들에게 다양한 기능을 출시하겠다고 약속해 놓았어요. 그쪽 시장에서 서비스를 제공해본 적도 없는데 처음부터 전부 새로 만들어야 할 판이에요. 저는 직보해야 할 일이 20가지이고 쳐내야 할 마감도 많아 전략적으로 생각할 틈이 없어요."

영업부도 답답하기는 마찬가지였다. 궁지에 몰린 기분이었다. 영업부장은 "로드맵이 있어야 하는데 고객에게 설득할 거리를 주는 사람이 아무도 없어요. 저는 그냥 나가서 고객사들에게 공수표나 날리며 실적을 올리고 있어요. 프로덕트 팀이 아무 것도 주지 않으니까요."라고 내게 말했다.

조직 전체가 서로를 탓하는 냉랭한 상황이었다. 문제는 프로덕트 매니지먼트 역량 부족이라고 모두 입을 모았다. 최고 기술 책임자는 "우리 프로덕트 매니저들의 백로그가 DEEP[1] 기준에 더 부합했다면 상황이 나았겠죠. 그들이 해결안을 더 많이 생각해줬으면 좋겠어요."라며 한탄했다. 그래서 나는 프로덕트 매니저들과 일하게 되었다. 초반에는 그들의 역량을 평가하고 개발팀, 디자인팀과 소통하는 것을 지켜보고 새 프레임워크를 시도해보라고 제안했다. 그렇게 한 달 반을 보낸 후 경험이 더 많은 사람들이 필요하다고 크리스에게 조언했다.

"이 회사에서 다른 직원들에게 가르침을 줄 수 있는 지도자는 카렌뿐인데 카렌은 수십 명을 가르치고 챙겨줄 시간이 없어요. 새내기들을 키우고 싶으시다면 그들을 콘텐츠 부서로 돌려보내고 진짜 프로덕트 매니저들을 고용해야 합니다."

"아닙니다. 그들을 가르치면 돼요." 그는 말했다. "그렇게 많은 직원을 새로 뽑을 수는 없어요. 우선 계속 가르쳐보고 필요하면 코치를 더 뽑읍시다."

나는 보조 코치를 데려와 교육을 이어갔다. 프레임워크가 생기고 지도를 받는다는 기대에 부푼 프로젝트 매니저가 많았다. 새로 배운 것을 순조롭

---

1   DEEP은 백로그의 유용성을 판단하기 위한 4가지 기준을 뜻하며 Detailed appropriately(세부 정보가 적절히 담긴), Estimated(추정치가 있는), Emergent(새로워지는), Prioritized(우선순위가 정해진)의 약자다. – 옮긴이

게 받아들이는 모습을 보니 그들이 문제에 접근하고 일을 대하는 방식도 금방 나아질 것 같았지만 그 기대는 오래 가지 않았다.

3개월이 지나도록 출시할 프로덕트가 나오지 않자 경영진은 격노했다. "프로젝트 매니저들이 일을 안 하잖아요!" CEO가 말했다. "기능을 더 내놔야 해요. 우선순위를 왜 제대로 모르시죠?" 모두 또 다시 프로덕트 매니지먼트를 비난했지만 진짜 문제는 따로 있었다.

이 회사에는 지시를 내리는 사람이 너무 많았다. 중대한 프로젝트 20개를 동시에 진행하고 있을 때였다. 여기서 중대하다는 것은 정말 중대하다는 뜻이다. 새 모바일 앱과 강사들의 수업 모니터용 후반부 시스템을 한꺼번에 개발 중이었다. 둘 다 여러 부서가 참여해야 하는 거대한 프로젝트였지만 프로덕트 매니저는 단 한 명 그것도 신입이었고 두 개발팀에 프로젝트를 하나씩 배정했다.

그들은 바람직한 프로덕트 매니지먼트 기법을 연마하는 동안에도 마감을 맞추기 위해 갖은 노력을 했지만 성공할 준비가 되어 있지 않았다. 마감일은 내가 오기 전에 이미 정해져 있었다. 계약을 맺은 고객사를 위한 프로젝트들이었다. 내가 정말 어떤 기능을 개발해야 할지 재고해보자고 말할 때마다 프로덕트 매니저들의 반발은 엄청났다. "경영진이 시킨 거예요. 이 기능을 출시하지 않으면 제 상여금이 날아가요." 그들은 형편없는 계획과 전략 때문에 고생 중이었다.

한편, 마케틀리의 수익 성장세가 둔화되기 시작하자 이사회는 경영진을 압박했다. 더 많은 기능을 개발하라는 지시가 실무진에 하달되었다. 카렌은 이런 지시를 거부하려고 애썼지만 경영진은 완강했다. "모르시는 말씀이에요. 이 기능들을 만들어 이사회에 출시할 거리를 보여주지 않으면 다음 투자를 못 받게 된다고요."라고 CEO가 말했다.

머지않아 프로젝트 매니저들은 이전 방식으로 돌아갔다. 꾸준히 하던 사용자 조사를 건너뛰었다. 사용자 조사를 하면 개발팀에 필요한 사용자 스토리를 작성할 시간을 빼앗겼기 때문이다. 모두 최대한 많은 기능을 내놓는 데 집중하기 시작했다.

다음 달이 되어 다음 출시 일정이 다가왔을 무렵 고객용 신규 기능 10개가 준비되어 있었다. 경영진은 기뻐 어쩔 줄 몰랐다. "제 말이 이거였어요! 이런 게 좋은 프로덕트 매니지먼트입니다." 최고 기술 책임자는 검토 세션에서 박수 갈채를 보냈다. 그 다음 주에 그 기능들을 출시했다.

그 후 전화가 쇄도했다. 기능들을 서둘러 출시하느라 제대로 시험을 거치지 않았고 결국 사이트가 다운된 것이다. 강사들에게 강의를 게시하고 학생들의 질문에 답하는 것이 가장 중요한데 새로 생긴 기능이 너무 많아 그런 일을 제대로 처리할 수 없었다. 강사들 상당수가 강의를 내리기로 했고 영업 담당자들은 떠난 강사를 다시 데려오기 위해 허둥지둥 나섰다.

몇 주 후 수강생들이 새 기능을 얼마나 쓰는지 확인해보았다. 새 기능을 쓰는 사람은 아무도 없었다. 공들여 그 많은 기능을 만들었는데도 마케틀리는 제자리만 맴돌 뿐이었다. 수익 성장세가 둔화되고 회사는 난처한 입장이 되었다.

그것은 특정 인물이나 부서의 잘못이 아니라 조직 자체가 성공할 수 없는 구조였기 때문이다. 나는 크리스에게 그 점을 설명했다.

"이해가 안 되네요. 다른 조직들은 어떻게 성공하죠?" 그가 물었다. "이럴 때 다른 회사들은 어떻게 극복합니까? 우리가 뭘 잘못하고 있는 거죠?"

나는 "이건 단순한 프로덕트 매니저의 역량 문제가 아닙니다. 매니저들 중에는 바람직한 사고방식으로 일을 잘하는 분들이 있어요. 가치 있는 제품을 만들 방법을 찾으려고 정말 열심히 노력했습니다. 그 방법을 계속 실행할 여지가 있었다면 성공했을 거예요. 하지만 조직 차원의 문제가 많아 성공할 수 없었던 겁니다."라고 설명해주었다.

그가 물었다. "어떤 거죠? 우리가 뭘 개선하면 되죠?"

나는 "지금 가장 중요하게 달성하시려는 게 뭐죠?"라고 물었다.

그는 주저없이 대답했다. "수익 성장이죠. 매년 30% 이상 성장하는 흐름을 되찾아야 합니다."

"제가 물어본 결과, 다른 분들의 대답은 다르더군요." 내 대답에 크리스는 충격을 받은 듯했다. "CTO는 모바일 전략이 가장 중요하다고 말했어요. 이유를 물었더니 이사회 때문이라고 했죠. 같은 질문에 카렌은 강사 플랫폼에 등록된 강사 수를 늘리는 것이 가장 중요하다고 대답했어요. 영업부장은 고객사 수를 늘리는 거라고 대답했고요. 수익이 목표인 사람은 없었어요. 목표가 정렬되어 있지 않습니다."

나는 말을 이어갔다. "이렇게 된 이유 중 하나는 우선 처리해야 할 일이 너무 많기 때문이죠. 프로젝트 목록을 보면 모든 게 1번이에요. 지금은 전략을 잼처럼 펴바르고 계세요. 전략적 계획을 너무 많이 세워놓고 얼마 안 되는 인원에게 나눠주고 있다는 뜻입니다. 한 부서에 거대한 목표를 안겨주고 한 달 안에 달성하게 할 수는 없어요. 시간과 노력이 필요합니다. 그 준비를 하셔야 합니다."

"그럼 우리 프로덕트 매니저들은요?" 그가 물었다. "그들이 이런 상황을 분명히 거부했어야 합니다. 다른 책임자들도 그렇고요. 옳은 방향이 아닌 것 같다면 제게 말했어야죠."

"이 회사는 그런 의견을 낼 수 있는 구조가 아닙니다. 직원들은 CEO나 상사와 대화하길 두려워해요. 문제 해결 여부가 아니라 기능 출시 여부에 따라 상여금을 지급하시잖아요. 그래서 직원들은 출시를 안 하면 돈을 못 받는다고 생각합니다." 내가 말했다.

"그리고 프로덕트 매니저 직책에 엉뚱한 사람들을 앉혀 놓으셨어요. 그들은 수익을 높여줄 해답을 찾아낼 줄 몰라요. 프로덕트 매니저가 아니라 마케터잖아요. 사업으로 가치를 창출하는 방안을 탐구할 수 있는 프로덕트 매니지먼트 조직을 제대로 갖추셔야 합니다. 전문가가 필요한 영역이에요."

크리스는 궁지에 몰린 듯했지만 뭐든지 할 준비가 되어 있었다. "그럼 뭘 해야 하죠? 회사가 잘 돼야만 해요. 어떻게 고칠 수 있죠?"

"지금 마케틀리는 개발 함정에 빠져 있어요. 여기서 탈출하려면 기업으로서 경영자로서 소프트웨어 개발에 접근하는 방식을 바꿔야 해요. 프로덕트가 중심이 되어야 합니다. 그러려면 산출물만 내놓기보다 성과를 내는 것을 더 중시하도록 조직 전체의 사고방식을 바꿔야 합니다. 조직구조, 전략, 업무 방식, 그것을 지배하는 정책과 보상 방식까지 다 바꾸셔야 해요."

그는 막막해 보였다.

"이 정도 변화를 감수할 준비가 되셨나요? 쉽지 않겠지만 100% 가능합니다." 내가 말했다.

"계속 지금처럼 있을 수는 없어요. 그럼 망할 거예요. 합시다." 그렇게 우리는 변화에 착수했다.

마케틀리는 개발 함정에 빠진 회사의 전형적인 예다. 훌륭한 아이디어나 프로덕트가 없는 게 아니라 회사 자체가 그 프로덕트를 계속 성공시킬 준비가 되어 있지 않은 것이 문제였다. 진정한 가치 창출을 장려하고 지속하는 데 필요한 직무, 전략, 절차, 정책이 갖춰져 있지 않았다.

개발 함정은 기업의 집중력을 빼앗는다는 점에서 매우 위험하다. 소프트웨어 출시에만 모두 혈안이 되어 무엇이 중요한지 보지 못한다. 우리는 소비자를 위한 가치를 만들어내고 사업 목표를 달성하고 경쟁사들을 앞지르는 혁신을 해야 한다.

무엇이 중요한지 보지 못하고 가치가 무엇을 의미하는지 기억하지 못하는 상태에서 만들어낸 프로덕트는(때로는 기업 자체는) 망한다. 큰 기업과 작은 기업 모두 예외가 아니다.

코닥은 디지털 사진에 밀려 필름사진 시장이 붕괴하는 현실을 직시하지 못했다. 그들은 변화에 순응하기보다 기존 방식을 더 세게 밀어붙였다. 그러다가 혁신을 시도했지만(이 책 후반부에서 설명한다) 구조적으로 준비가 되어 있지 않았다. 많이 부족하고 많이 늦었다.

반면, 마이크로소프트는 언제라도 무너질 정도로 위태롭지는 않더라도 혼란의 길에 들어서고 있었다. 윈도우가 회사를 계속 먹여살릴 거라고 믿고 똑같은 전략 방안만 고수하던 중에 사티아 나델라Satya Nadella를 CEO로 맞았다. 그는 혁신을 지속하는 미래 전략에 맞춰 회사를 개편하고 여기에 참여하는 사람들도 함께 변화시켰다.

개발 함정은 소프트웨어 출시 과정에만 도사리지는 않는다. 개발 함정에서 탈출하기 위해 항상 해오던 방식을 바꿀 필요성을 깨닫고 산출물 중심의 업무 평가를 진정한 가치 평가와 혼동할 때 함정이 나타난다. 개발 함정에서 탈출하려면 개발팀뿐만 아니라 회사 전체도 살펴보아야 한다. 지속적으로 가치를 창출할 수 있도록 최적화하는 조직, 기업 차원에서 프로덕트를 성장, 지속시킬 준비를 하는 조직이 프로덕트 중심 조직이다.

이 책에서는 사업 가치와 고객 가치를 극대화할 기회를 물색하는 방향으로 프로덕트 매니지먼트 조직을 꾸리는 방법을 자세히 알아본다. 먼저 프로덕트 매니저의 직무를 설명하고, 규모를 확장할 수 있도록 조직을 구성하는 방법을 설명한다. 그 다음에는 프로덕트 매니저를 지원하는 전략 수립 방법, 그 전략을 달성하기 위해 프로덕트 팀이 움직이는 방법이 나온다. 마지막으로 조직을 바람직한 방향으로 계속 이끌 수 있도록 정책을 세우고 문화를 가꾸고 보상을 계획하는 방법을 설명한다. 프로덕트 중심 조직으로 변신해 개발 함정에서 탈출하는 방법을 이 책에서 배워보자.

하지만 그에 앞서 개발 함정이 어떻게 생기고 어떤 신호를 경계해야 하는지 알아보자. 첫 번째는 가치에 대한 오해다.

1장

가치 교환 체계

가치를 잘못 이해하면 개발 함정에 빠진다. 회사와 소비자에게 안겨주고 싶은 성과가 아니라 생산물 개수를 기준으로 가치를 매기는 것이다. 마케 틀리 경영진이 한 달 만에 기능을 10개나 출시했다고 기뻐했지만 그 중 목 표를 달성한 기능은 하나도 없던 것이 그런 예다.

무엇이 진정한 가치인지 판단하려면 기본으로 돌아가자. 기본적으로 기업 을 지속시키는 가치 교환은 그림 1-1과 같다.

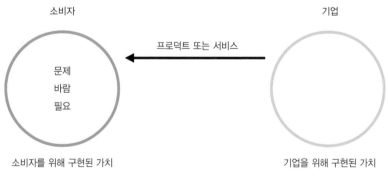

그림 1-1 가치 교환

왼쪽을 보면 소비자와 사용자에게는 문제, 바람, 필요가 있다. 다른 쪽에는 그 문제를 해결하고 바람과 필요를 채워주는 제품이나 서비스를 만드는 기업이 존재한다. 소비자는 문제가 해결되고 바람과 필요가 채워질 때 가치를 깨닫고 그 다음에야 그림 1-2에서처럼 기업에게 가치를 돌려준다.

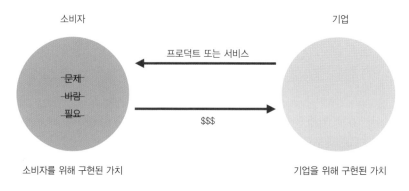

그림 1-2 가치 교환 실현

사업적 관점에서 가치의 의미는 간단하다. 돈, 데이터, 지식자산, 홍보 등 사업에 연료를 공급해주는 것이 가치다. 기업은 어떤 기능을 개발하거나 계획을 실행함으로써 이런 사업적 가치가 담긴 결과를 내야 한다.

하지만 가치는 측정하기 어렵고 소비자나 사용자 관점에서 잘 평가하기 어렵다. 프로덕트와 서비스가 처음부터 가치를 품고 탄생하는 것은 아니다. 그 프로덕트와 서비스가 소비자와 사용자에게 선사하는 것(문제 해결, 욕구나 필요 충족)에 가치가 담겨 있다. 이런 가치 창출을 반복적으로 확실히 수행해야 기업이 성공한다.

소비자나 사용자의 문제를 잘 이해하지 못하면 그들을 위한 가치를 정의할수도 없다. 이런 기업은 소비자에 대한 정보를 습득하는 대신 측정하기 쉬운 임시 방편을 만든다. 출시하는 기능의 양을 '가치'라고 여기면 출시하는 기능의 개수가 결국 성공의 주요 척도가 된다.

이런 기업은 직원들에게도 같은 임시 방편을 따르도록 장려하고 고과 기준으로도 삼는다. 개발자들은 코드를 많이 짜면 보상을 받는다. 디자이너들은 사용자 인터페이스를 정교하게 매만지고 픽셀 하나까지 완벽히 디자인했을 때 보상을 받는다. 프로덕트 매니저는 장문의 설계서를 작성했을 때, 애자일 세계에서는 방대한 백로그를 만들었을 때 보상을 받는다. 부서는 기능을 잔뜩 만들어 개시하면 보상을 받는다. 이 해로운 사고방식이 조직에 만연해 있다.

나는 기업 고객용 데이터 플랫폼을 만드는 회사와 일한 적이 있다. 내가 들어갔을 때 기능은 총 30개, 백로그에 40개가량 더 있었다. 기존 기능을 고객이 어떻게 사용하는지 알아본 결과, 꾸준히 사용되는 기능은 2%에 불과했다. 그런데도 개발팀은 이미 만들어놓은 기능을 점검하지 않고 새 기능을 만들고 있었다.

어쩌다 그들이 그렇게 됐을까? 몇 가지 이유가 있다. 개발 함정에 빠진 기업에서 흔히 보는 장면이다. 이 회사는 선두주자를 따라잡으려고 고군분투 중이었다. 경쟁사가 출시하는 모든 기능을 서둘러 모방하려고 한 것이다. 경쟁사에서 그 기능들이 제대로 굴러가고 있는지조차 모르면서 경영진은 무조건 똑같이 하기를 고집했다. 구글도 페이스북을 따라가기 위해 구글플러스라는 소셜 미디어를 출시하면서 이 개발 함정에 빠진 적이 있다. 충분한 차별화 전략 없이 모방하는 데만 급급했던 것이다.

그리고 마케팅는 영업 과정에서 고객사들과 계약을 맺기 위해 약속을 남발했다. 그 결과, 특정 고객사 한 곳만을 위한 단발성 기능이 잔뜩 쌓였다. 많은 고객에게 유용한 프로덕트를 개발하는 방향으로 전략적 선택을 하지 않았다.

그들은 각 기능이 고객사들에게 어떤 고유한 가치를 제공했는지를 분석해 기업 전략을 발전시키는 대신 고객사의 요구에 부응하는 데만 급급했다. 의도를 가지고 기능들을 구현하지 못했다. 그런데도 회사가 잘되고 있다고 생각했다. 사용자 컨퍼런스에서 말할 기능이 이렇게나 많았기 때문이다. 그래서 고객들이 자사의 프로덕트에서 어떤 매력을 느꼈는지, 무엇이 그 프로덕트를 특별하게 만들었는지 보는 눈을 잃고 말았다.

소비자와 사용자에 대해 알아가고 그들의 필요를 깊이 이해하고 어떤 프로덕트와 서비스가 소비자 측면과 사업 측면의 필요를 모두 충족시키는지 판단해야 한다. 그래야만 그림 1-3의 가치 교환 체계를 전개할 수 있다. 이것을 이해하려면 직원들이 소비자와 사용자에게 더 가까이 다가가 배워야 한다. 그러려면 조직 전체에 그에 맞는 정책이 있어야 한다.

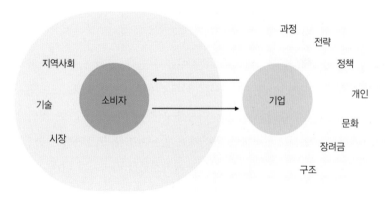

그림 1-3 가치 교환 체계

정책은 이 가치 교환에 영향을 미치는 제약 중 한 가지 예에 불과하다. 그림 1-2에서 보듯이 이 체계는 양쪽에서 나오는 영향으로부터 모두 제약을 받는다.

46

2장

가치 교환 체계에서의 제약

소비자와 사용자는 지역사회, 가족, 친구 등 주변 사람의 영향을 받는다. 다른 기술(자신이 쓰고 있거나 출시된 것들)의 영향도 받는다. 소비자와 사용자는 속세를 벗어난 사람들이 아니므로 주변 환경에 따라 욕구와 필요도 달라진다. 기업이 그런 욕구와 필요에 대처할 수 있는 방식도 꾸준히 진화한다. 그렇다고 기업이 주변 환경을 직접 통제할 수 있는 것은 아니므로 사용자를 더 잘 이해해 행동을 예측할 수밖에 없다.

한편, 기업은 자체적인 제약에도 부딪힌다. 가치를 극대화하려면 적절한 개인들, 절차, 정책, 전략, 문화를 갖춰야 한다. 소비자 쪽의 제약과 영향은 대부분 통제할 수 없지만 기업 내부의 제약과 그 제약을 극복하는 방식은 얼마든지 통제할 수 있다. 이 제약들이 너무 심해지면 가치 교환 체계 양쪽에서 모두 가치가 희생된다.

예를 들어, 융통성 없는 개발 절차와 주기 탓에 실험할 기회조차 없는 회사들이 많다. 나는 교육이나 워크숍을 시작할 때마다 프로덕트 매니저들에게, 지금까지 프로덕트를 출시하는 과정에서 앞 단계로 되돌아가 같은 과정을 반복해본 경험이 있으면 손을 들어달라고 한다. 보통 15~20%가 손을 든다. 그 다음에는 이렇게 물어본다. "출시하는 제품의 성공 여부를 어떻게 판단하시죠?" 그럼 마감일을 맞추는 것, 버그 없이 완성하는 것 등을 성공으로 간주한다는 대답이 나온다.

이것은 결과가 아닌 산출에 최적화된 회사의 전형적인 예다. 산출은 우리가 제작해 쉽게 정량화할 수 있는 것들이다. 프로덕트나 기능의 개수, 출시 횟수, 개발부서의 속도 등이 그 예다. 그 기능을 출시해 소비자의 문제가 해결되도록 하는 것이 성과다. 기업, 사용자, 소비자에게 도움을 주는 진정한 가치는 이 성과에서 나온다.

하지만 내가 만난 대부분의 기업들은 산출 모드에 머물러 있었고 조직 전체가 산출물 늘리기에만 최적화되어 있었다. 마감일을 지키면서 계획했던 기능을 최대한 많이 구현하는 방향으로 개발을 진행한다. 개발량이 많을수록 더 많은 보상과 상여금을 받는다. 회사 정책은 직원들이 코드를 더 많이 짜거나 더 많은 기능을 만들도록 하기 위해 존재하며 소비자와 대화하는 등의 정성은 시간 낭비로 치부된다.

이런 관행이 가치 창출을 어떻게 저해하는지 모르는 기업들이 많다. 직원들의 활동 성과를 제대로 평가하고 있지 않기 때문이다. 전략과 비전이 어떻게 실행되고 있는지 계속 점검하지 않으면 결국 개발 함정에 빠진다.

전략적으로 움직이고 사람들이 전략적으로 일하게 하려면 출시한 기능, 양을 기준으로 직원들을 판단하면 안 된다. 가치를 정의하고 평가한 후 회사와 사용자에게 성과를 안겨주는 행위를 높이 평가하고 성과를 내기 위한 프로덕트를 개발해야 한다.

3장

프로젝트 대
프로덕트 대 서비스

전략적 사고방식을 취하려면 프로덕트 개발에 대한 사고방식부터 바꿔야 한다. 많은 기업이 프로젝트 기반의 개발 주기를 가지고 그 주기 안에 마쳐야 할 일을 파악하고 마감일과 중요한 단계milestone를 정하고 직원들에게 일을 시킨다. 한 가지 프로젝트가 끝나면 다음 프로젝트로 넘어간다. 프로젝트마다 나름대로 성과 평가 기준이 있지만 모든 프로젝트를 한 방향으로 이끄는 상위 전략이 없는 경우가 많다.

프로젝트 매니지먼트 식의 사고방식을 이끌어주는 모범 실무 프레임워크와 자격증은 많다. 통제된 환경 내에서의 프로젝트PRINCE2, PRojects IN Controlled Environments, 프로젝트 관리 협회Project Management Institute, 프로젝트 관리 총체PMBOK, Project Management BOdy of Knowledge 등을 예로 들 수 있다. 개발 함정에 빠진 기업은 이런 프레임워크를 프로덕트 매니지먼트 프레임워크와 혼동하곤 한다.

프로덕트 매니지먼트가 무엇인지, 프로젝트 매니지먼트와 어떻게 다른지 이해하려면 먼저 프로덕트의 정의와 중요성부터 알아야 한다.

프로덕트, 즉 제품이란 앞에서 말했듯이 가치를 전달하는 매개체다. 매번 기업이 신제품을 선보이지 않더라도 소비자와 사용자에게 반복적으로 가치를 전달해주는 것이 프로덕트다. 하드웨어, 소프트웨어, 소비재 등 인간의 개입 없이 사용자에게 가치를 전달할 수 있는 모든 것이 프로덕트다. 마이크로소프트 엑셀, 이유식, 틴더, 휴대폰이 모두 제품, 프로덕트다.

서비스는 프로덕트와 달리 인간이 주요 역할을 수행해 사용자에게 가치를 전달하는 것이다. 로고나 브랜드를 만드는 디자인 회사, 세무를 대행하는 세무법인 등이 서비스 기반 조직이다. 이 서비스를 '제품화'해 모든 소비자에게 같은 가격에 같은 서비스를 제공하더라도 그 서비스를 실행할 사람이 반드시 필요하다. 서비스를 실행하는 소프트웨어 프로덕트 제작 등의 서비스를 자동화해 규모를 확장할 수도 있다.

많은 기업이 프로덕트와 서비스를 결합해 가치를 전달한다. 예를 들어, 소프트웨어 회사는 사용자가 각자의 컴퓨터에 소프트웨어를 직접 설치해 사용하는 설치형 소프트웨어를 제공하면서 설치와 설정을 대행해주는 서비스팀도 운영한다. 서비스나 프로덕트가 어우러져 하나의 체계를 이루도록 최적화해야 사용자를 위한 가치 흐름을 키워 성공할 수 있다.

이 지점에서 프로젝트가 등장한다. 프로젝트는 특정 목표 달성을 위해 개별적으로 지정하는 업무 범위다. 프로젝트에는 마감일, 이정표, 완성해야 할 산출물이 정해져 있다. 프로젝트가 완성되면 목표를 완수한 것이고 직원들은 다음 프로젝트로 넘어간다. 프로젝트는 프로덕트 개발에서 빠질 수 없는 부분이지만 프로젝트 안에만 갇힌 사고방식은 위험하다.

프로덕트는 잘 보살피고 성숙하게 키워야 할 대상이다. 그러려면 시간이 오래 걸린다. 기능을 출시해 프로덕트를 개선하면 프로덕트 전체가 더 큰 성공을 거둘 수 있다. 이 기능 개선활동이 프로젝트이지만 프로젝트가 끝나더라도 일은 계속된다. 새 프로젝트에서 기회를 계속 물색하면서 반복적인 개선활동으로 전체적인 결과를 개선하고 프로덕트를 성공시켜야 한다.

그래서 기업에서는 프로덕트 매니지먼트와 프로덕트 매니저를 두는 것의 개념이 매우 중요하다. 프로젝트를 넘어 프로덕트를 중심으로 조직을 구성하는 체계가 필요하다. 가치 창출을 위해 프로덕트를 최적화하는 기업을 프로덕트 중심 조직이라고 부른다. 이런 조직은 프로덕트 중심으로 성장하고 소프트웨어 프로덕트를 통해 조직을 확장하고 원하는 결과에 도달할 때까지 최적화를 멈추지 않는다.

4장

프로덕트 중심 조직

프로덕트 중심 기업은 프로덕트의 성공이 회사의 성장과 가치 창출의 주요 동력임을 안다. 프로덕트 성공을 중심으로 우선순위를 매기고 조직을 구성하고 전략을 짠다. 그렇게 개발 함정에서 탈출한다.

그렇다면 프로덕트를 중심에 두지 않는 기업의 중심에는 무엇이 있을까? 영업, 비전, 기술이 중심인 기업들이 많은데 이런 식으로 조직을 구성하면 개발 함정에 빠지고 만다.

영업 중심

영업 중심 기업은 계약서에 따라 프로덕트 전략을 정의한다. 앞에서 언급한 아무도 쓰지 않는 기능을 30개나 만든 데이터 플랫폼 사례를 기억하는가? 그런 회사가 영업 중심형이다. 전략을 전체적으로 정렬하지 않고 고객사에게 해준 약속에 따라 프로덕트 로드맵과 방향성을 결정한다.

소규모 기업은 주로 영업 주도형으로 출발한다. 좋은 선택이다. 신생 기업은 대형 고객사와의 첫 거래를 성사시켜 지속적인 회사 운영을 위한 수익을 내야 한다. 그 고객사에게 열과 성을 다하면서 프로덕트 로드맵을 정의하고 그 고객사의 요청을 모두 수용하고 때로는 그 고객사만을 위한 맞춤 기능을 만들기도 한다. 하지만 그런 방식은 오래 못간다. 고객사가 50~100곳인데 그들 각각의 필요에 맞춰 모든 것을 개별적으로 개발하는 것은 맞춤 제작 전문 대행사가 아닌 이상 불가능하다. 맞춤 개발 자체가 회사의 전략이 아니라면 특수한 주문 없이 모든 고객에게 공통으로 제공하는 기능을 개발해야 한다.

하지만 맞춤 제작 전략을 원하지 않으면서도 영업 중심 방식에서 많이 벗어나지 못하는 기업이 많다. 영업 절차를 프로덕트 전략보다 우선시하고 고객사와의 약속을 지키기 위해 계속 애쓰다 보면 프로덕트 팀이 회사를 발전시킬 전략을 짜거나 탐구할 여유가 없다.

비전 중심

비전 중심 기업으로 가장 쉽게 떠오르는 곳은 애플이다. 스티브 잡스는 프로덕트 전략을 세우면서 회사를 발전시켰고 실패한 프로덕트들의 난관을 뛰어넘어 오늘날의 성공으로 이끌었다. 그는 이미 알려진 것의 한계를 뛰어넘었고 나머지 직원들은 그를 따랐다.

비전 중심 기업은 올바른 비전이 있다면 엄청난 위력을 발하지만 스티브 잡스 같은 인물은 흔치 않다. 게다가 그 비전이 사라지면 프로덕트는 방향을 잃고 무너지기 십상이다. 애플도 팀 쿡이 CEO로 부임하면서 그런 난관과 싸워야 했다. 세상은 애플이 다음에 무엇을 내놓을지 기존 제품 이후의 행보를 궁금해한다.

비전을 중심에 둔 기업 운영은 지속가능하지 않다. 단 1명이 조직의 약점이 되지 않도록 조직 체계 안에 혁신이 녹아 들어야 한다. 하나의 문제를 해결하기 위해 유능한 인재 5천 명을 모으면(1명이 아니라) 성공을 위해 활용할 수 있는 힘이 커진다.

기술 중심

기술 중심형도 흔한 기업 운영 방식이다. 가장 근사한 최신 기술을 중심으로 회사가 움직이며 주로 시장을 직시하고 가치를 중심에 두는 전략이 없어 어려움을 겪는다.

기술은 소프트웨어 기업 성공의 중요한 열쇠이지만 프로덕트 전략까지 기술에 좌우되게 놔둘 수는 없다. 주도권은 반드시 프로덕트 전략에 있어야 한다. 기술에 주도권을 맡기는 기업은 무척 멋있지만 정작 아무도 안 사는 프로덕트를 열심히 생산한다.

프로덕트 전략은 사업, 시장, 기술을 한데 묶어 조화롭게 움직이게 만든다. 사용자를 위한 가치 제안을 주도하지 못하는 기업은 돈을 벌 수 없다.

프로덕트 중심

프로덕트 중심 기업으로 다시 돌아왔다. 프로덕트 중심 기업은 사업 결과를 최적화하고 그 목표에 맞게 프로덕트 전략을 통일하고 그 프로덕트들을 지속가능한 성장동력으로 개발하는 데 가장 효과적인 프로젝트들을 최우선적으로 진행한다. 프로덕트를 중심에 두려면 직무, 전략, 과정, 조직 자체를 자세히 살펴보아야 한다. 바로 이 책에서 살펴볼 내용들이다.

따지고 보면 이런 변화를 만드는 것은 어렵지 않다. 부서원 전체를 새로 뽑거나 모든 프로덕트를 갈아엎고 처음부터 새로 만들 필요도 없다. 하지만 때로는 이보다 더 실천하기 어려운 과제가 있다. 바로 사고방식을 바꾸는 것이다.

이 책에 나온 방식을 도입해 꾸준히 실천하다 보면 기업경영 방식이 바뀌고 나아가 여러분의 관점도 바뀔 것이다. 더 중요한 것은 그 방식을 지속하는 것이다. 이 책에서 제시하는 사고방식은 개인이나 기업에게 새로운 것이어서 받아들이기 쉽지 않다. 성과에 집중하고 실험정신을 발휘해 현재 개발 중인 기능이나 프로덕트의 목표 달성 과정에 낀 불확실성을 없애야 한다.

5장

우리는 무엇을 알고
무엇을 모를까?

프로덕트 개발은 불확실성의 연속이다. 우리가 배워야 할 것을 기정 사실과 구분하는 것이 중요하다. 이를 위해 그림 5-1에서처럼 우리가 처한 상황에서 아는 것과 모르는 것을 살펴보자.

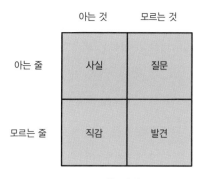

그림 5-1 아는 것과 모르는 것

프로젝트를 새로 시작할 때 가장 좋은 출발점은 현 상황에서 사실로 밝혀져 알고 있는 것이 무엇인지 파악하는 것이다. 즉, '아는 줄 아는 것'이다. 데이터나 고객사들이 보내온 핵심 요구사항에 들어 있는 사실 정보다. 취합한 요구사항 전부는 아니더라도 일부는 필요하다. 정부 규제 때문에 반드시 지켜야 할 사항, 업무 수행에 기본적으로 필요한 요건 등이 있다.

이 항목들은 사실 정보로 분류해두고 불확실한 것은 '모르는 줄 아는 것'으로 분류한다. 모르는 줄 아는 것은 어떤 질문을 해야 할지 알 정도로 명확히 정리된 것이다. 시험해보고 싶은 가설, 조사할 수 있는 데이터 포인트, 상태를 파악하고 탐구해볼 수 있는 문제가 여기에 해당한다. 탐구와 실험으로 답을 확인하고 그 답을 사실 정보로 변환하고 그 사실 정보에 부합하는 프로덕트를 개발한다.

'아는 줄 모르는 것'은 '웬지 이게 맞을 것 같은' 것으로 이런 직감은 수년 간의 경험에서 나온다. 직감에 귀 기울이되 그것을 통해 편견을 쌓지 않도록 주의하자. 직감이 맞았는지 점검과 실험으로 확인해야 한다.

'모르는 줄 모르는 것'은 모르고 있다는 사실조차 모르는 것이다. 알맞은 질문을 할 수도, 지식 격차를 파악할 수조차 없을 만큼 아는 것이 없는 상태다. 이제 생각하지 못한 사실 정보를 발견할 차례다. 고객과 대화를 나누거나 무관해 보이는 데이터를 분석하는 과정에서 이런 정보가 발견되곤 한다. 연구하다가 튀어나오기도 한다. 이런 발견을 열린 마음으로 받아들이고 지향해야 한다. 그런 발견이 기업 형태를 바꿀 수 있기 때문이다.

프로덕트 매니지먼트는 아는 줄 모르는 것을 알아보고 조사하며 모르는 줄 모르는 것을 줄여나가는 것이다. 아는 줄 아는 것을 기반으로 하면 누구나 해결책을 제시할 수 있다. 이런 사실 정보는 이미 나와 있지만 방대한 정보를 걸러내 올바른 질문을 찾아내고 어느 시점에 그 질문을 던질지 파악하기 위한 역량은 따로 있다.

프로덕트 매니저는 고객 문제를 해결하면서 사업 목표를 달성하기 위한 기능과 프로덕트가 무엇인지 알아내고 가치 교환 체계를 최적화한다.

영업, 마케팅, 기술, 디자인 등 회사의 다양한 직무를 생각해보자. 이 직무의 상당수가 기술 영역과 사업 영역 둘 중 하나에만 머물러 있다. 반면, 프로덕트 매니저는 그 두 영역의 징검다리가 되어 고객들의 필요를 제품이라는 언어로 해석하고 고객을 만족시키는 동시에 사업의 성장과 지속 가능성을 도모하는 존재다.

프로덕트 매니저는 프로덕트 중심 조직이 되기 위한 열쇠다. 하지만 관련 역량이 없는 사람을 프로덕트 매니저의 자리에 앉히는 회사들이 너무나 많고 그들에게 엉뚱한 책임을 부여하거나 요구하기도 한다. 2부에서는 프로덕트 매니저의 역할과 개발 함정에 빠진 기업을 구출하는 방법을 알아본다.

2부

프로덕트 매니저의 역할

역할
전략
절차
조직

프로덕트 매니지먼트는 회사 내의 직무 중 하나를 넘어선 커리어다. 프로덕트 매니저는 기업과 소비자 양쪽을 깊이 이해해 가치를 창출할 적절한 기회를 알아본다. 사용자 분석, 소비자 반응, 시장조사, 주주 의견 등 여러 자료를 종합한 후 팀이 나아갈 방향을 결정할 책임이 있다. 프로덕트 매니저는 팀이 '왜'에 집중하게 해야 한다. 이 프로덕트를 왜 개발하며 이 프로덕트로 어떤 성과를 낼 것인가? 최고 프로덕트 책임자, 즉 CPO는 프로덕트 부서의 근간으로 로드맵에 부합하는 사업 성과가 나오도록 팀을 이끌고 그로 인한 영향을 이사회에 제시하는 과정을 도와준다. 기업은 프로덕트 매니지먼트 직무의 적임자들을 끌어들일 수 있도록 표준화된 커리어를 만들고 그들이 현대 사회의 치열한 시장에서 살아남을 수 있도록 성장할 기회를 주어야 한다.

내가 프로덕트 매니저가 된 첫 달, 난생 처음 프로덕트 사양문서를 완성했을 때였다. 나는 5분 동안 앉은 채 상사가 검토할 수 있도록 문서를 인쇄해 두고 물끄러미 바라보았다. 눈에 넣어도 안 아픈 자식처럼 사랑스러웠다. 일주일 동안 꼬박 써서 준비한, 아름답게 디자인한 실물 크기의 모형 14개와 인간이 알아낸 모든 오류 사례가 담긴 21페이지 분량의 문서였다. 개발자를 위한 모든 것이 정해져 있었다. 더 이상 질문은 필요 없었다. 우리 사이트에 들어갈 '암호 변경' 페이지를 만드는 과정에서 상상할 수 있는 모든 내용을 담았다.

몇 달 전까지만 하더라도 프로덕트 매니지먼트가 무슨 일인지조차 몰랐던 나는 난생 처음 맡은 그 일을 하면서 프로덕트 매니저의 역할이 창작과 중재라는 것을 알게 되었다. 우리는 요구사항을 모아 사람들이 실제로 이용할 수 있는 기능으로 바꾸어 개발 영역과 사업 영역을 연결시켰다. 나는 영업팀과 자주 만나 우리 고객들이 무엇을 요청하는지 들었다. 가끔 실제 고객을 면담해 어떤 습관이 있고 무엇을 필요로 하는지 알아보기도 했다. 요구사항 목록을 받은 후에는 포토샵으로 프로덕트 외관을 구상했다. 프로덕트 매니지먼트는 UX 디자인과 같은 분야가 아니라는 사실을 알게 된 것은 그로부터 몇 년 지나서였다.

디자인이 준비되면 엔지니어용 사양문서를 쓸 차례였다. 그들이 이 문서로 정작 무엇을 하는지는 몰랐지만 이 문서를 정말 상세히 쓰면 엔지니어들이 내게 말을 걸 필요가 없었다. 주변 동료들 대부분의 이야기를 들어보면 이건 장점이었다. 그래서 주어진 기능의 모든 면을 빠짐없이 기술해 20~30

페이지 분량의 방대한 프로덕트 사양문서를 썼던 것이다. 여기에는 무엇이 들어가고 어떤 기능이 어떤 모양이고 어떻게 작동하는지는 물론 버튼을 누르면 무슨 일이 생기는지도 상세히 적었다. 이와 더불어 오류가 뜬 경우, 아무 내용도 입력하지 않고 '보내기' 버튼을 누르는 상황까지 설정했다. 사양문서를 상세히 써야만 훌륭한 프로덕트 매니저라고 확신했다.

상사의 검토를 받고 그 사양문서를 개발자들에게 전달했다. 몇 주, 몇 달 후면 개발된 기능을 시험할 차례다. 모든 것이 정확히 작동한다는 확신이 들면 우리는 꼭두새벽에 그 기능을 공개한다. 혹시 잘못된 부분이 있더라도 혼란 없이 고칠 수 있는 시간대가 그때이기 때문이다.

내가 처음 만든 21페이지 분량의 사양문서에서 탄생한 '암호 변경' 페이지가 고객들에게 전달된 것이 자랑스러웠다. 내가 처음 만든 진짜 기능! 그 정도 기능을 만들 때는 훌륭한 개발자들과 몇 마디 대화만 나누고 약 1/10 분량의 문서만 작성해도 된다는 것을 당시는 몰랐다. 나를 비롯해 대부분 프로덕트 매니지먼트를 그런 식으로 배우지 않았으니까.

2부에서는 프로덕트 매니저의 역할, 프로덕트 매니지먼트 학습 방향, 기업들이 혼동하기 쉬운 분야에 대해 말한다. 훌륭한 프로덕트 매니저는 사업, 기술, 디자인 부서와 소통하고 그들의 집단지식을 활용한다. 고객과 회사 모두에게 최적의 문제해결 방안을 제시하기 위해 프로덕트 매니저에게 필요한 역량과 나날이 중요성이 커지는 프로덕트 매니지먼트 직무를 조직에 정착시키는 방법을 알아보자.

6장

나쁜 프로덕트 매니저의 전형

프로덕트 매니지먼트를 배울 수 있는 곳은 많지 않다. 대학에는 그런 교육 과정이 없다. 기업에서의 직무훈련은 부실하기 마련이다. 프로덕트 매니 저가 신입으로 경력을 쌓을 수 있는 대기업은 마이크로소프트와 구글이 전 부다. 인턴십은 보기 드물고 우리가 만나는 프로덕트 매니저의 대부분은 사내에서 수평이동했거나 소프트웨어 개발직에서 '승진'한 사람들이다.

운좋게 프로덕트 매니지먼트를 배우더라도 그 내용은 지극히 실무적이다. 요구사항 문서(또는 애자일의 사용자 스토리) 작성, 개발자와의 회의 계획, 상 황 점검회의 운영, 사업팀 요청 취합, 개발된 작업을 수락하고 버그 확인을 위한 테스트 방법 등을 배우는 것이다. 이 단계들의 대부분은 전통적인 폭 포수형 환경에서 일해온 프로덕트 매니저들의 업무 방식에서 비롯되었다. 나도 그런 환경에서 일을 배웠다.

폭포수형 개발 과정에서 프로덕트 매니저가 처음 하는 일은 주로 내부 이해 관계자라고 불리는 사업부서 사람들과 대화를 나누어 조언을 듣고 요청을 받는 것이다. 신입 프로덕트 매니저를 교육할 때 이런 대화를 권장한다. 항 상 이해관계자를 만족시키기 위해 나는 처음 프로덕트 매니저가 되었을 때

마케팅 매니저, 나의 상사, 영업팀이 이해관계자라고 배웠다. 그들을 매주 만나 그들을 위해 무엇이 완수되어야 하는지 파악하고 그 요구사항을 바탕으로 사양서를 작성했다.

상세히 풀어낸 요구사항을 디자이너에게 넘겨 보기 좋은 인터페이스를 만들게 하고 개발자와 협력해 시스템 요구사항이 구현되도록 한다. 디자이너의 작업이 프로덕트 매니저에게 통과되면 소프트웨어 엔지니어들이 코딩을 시작한다. 코딩에는 보통 몇 달이 걸리고 대규모 프로젝트라면 몇 년이 걸리기도 한다. 작업이 극후반부로 가야 고객이 프로덕트를 보게 된다.

지금 위 문단을 보고 손을 비틀면서 "그렇게 하면 안 되지!"라고 외치는 독자가 있다면 나도 그 의견에 동의한다. 애자일 방법론의 중요성이 커지면서 주어진 요구사항이 올바른 요구인지 판단하는 데만 몇 년이 걸리는 이 시스템의 결점들이 속속 드러나고 있다.

이 책의 주인공인 마케틀리와 같은 많은 회사들이 소프트웨어에 더 큰 가치를 가져다줄 특효약이라는 신념으로 애자일을 채택해왔지만 돌아오는 것은 실망뿐이었다. 왜 그랬을까? 애자일이 협력 방식을 개선하고 소프트웨어 개발 속도를 높여주는 것은 맞지만 프로덕트 매니지먼트를 효과적으로 진행하는 면은 대체로 무시되었기 때문이다.

애자일은 누군가가 깔때기 앞단에서 아이디어를 도출, 검증하고 있다는 가정하에 소프트웨어 제작 과정을 최적화했지만 그 부분들은 개발 과정에서 사라졌다. 소프트웨어 개발에는 애자일만 있으면 된다는 기업들의 신념 때문이었다. 그래서 애자일 조직의 수많은 프로덕트 매니저가 여전히 폭포수형 방식으로 일한다.

훌륭한 프로덕트 매니저가 되려면 사용자를 철저히 이해하고 시스템을 치밀히 분석하고 시장을 공략할 기회를 모색해 실행에 옮겨야 한다. 적극적인 고민 없이 억지로 개발에 착수하면 쓸모 없는 기능만 잔뜩 나올 뿐이다. 프로덕트 매니저에게 생각하는 방법을 가르쳐주는 곳은 드물고 그런 곳이 있더라도 이런 사고방식이 성공에 필요하다고 여기지는 않는다. 사양서를 상세히 쓰거나 개발자들이 날짜에 맞춰 프로덕트를 출시하게 하는 것만 높이 평가할 뿐이다.

사람들에게 프로덕트 매니저의 정의를 물어보면 다양한 대답이 나온다. 프로덕트 매니저들조차 답이 엇갈린다. 프로덕트 매니저는 '무슨 제품을 개발할지 아이디어를 내는 사람'이다, '고객의 목소리'다. '제품을 다스리는 CEO'다 등등 다양한 의견이 나온다. 프로덕트 매니저의 역할이 아닌 것을 이해하려면 나쁜 프로덕트 매니저의 전형을 이해해야 한다. 내가 특히 못마땅해하는 마지막 유형부터 살펴보자.

미니 CEO

프로덕트 매니저는 프로덕트의 미니 CEO가 아니지만 프로덕트 매니저 채용공고의 90%가 이 직무를 미니 CEO라고 설명한다. CEO는 많은 사안에 독점적 권한을 가진다. 직원을 해고하거나 조직 구성이나 운영 방향을 바꿀 수도 있다. 반면, 프로덕트 매니저는 조직 안에서 CEO처럼 많은 것을 바꿀 수 없다. 무엇보다 인사권이 없다. 팀 수준에서 직원을 관리하는 직무가 아니기 때문이다. 다만, 팀원들이 특정 방향으로 나아가도록 방향을 제시할 뿐이다.

프로덕트 매니저가 CEO와 같은 직무라는 멋진 괴담은 매우 오만한 프로덕트 매니저를 낳는다. 그들은 자신이 세상을 지배하는 줄로 착각한다. 마케틀리에도 이 유형이 있었다. 그의 이름은 닉이었다. 경영대학원을 갓 졸업하고 프로덕트 매니저로 입사한 닉은 모든 개발자의 미움을 샀다. UX 디자이너들도 그를 싫어하긴 마찬가지였다. 왜 그랬을까?

닉은 디자이너와 개발자들에게 정말 끔찍한 존재였다. 그는 제2의 스티브 잡스가 되어 저 높은 위치에서 팀원들에게 명령조로 개발을 시키는 선지자가 되겠다는 포부를 안고 프로덕트 매니저를 지망했다. 말할 것도 없이 팀원들은 그런 그를 싫어했다. 닉은 좌절했다. "팀원들이 말을 듣지 않아요. 제가 원하는 것을 개발하게 만들 수가 없어요." 그는 딱하게도 자신의 역할을 제대로 이해하지 못했다.

나는 그를 따로 불러 말했다. "저도 당신 같던 시절이 있었어요. 제 말을 들어보세요. 그런 마음가짐으로는 원하는 바를 이룰 수 없어요. 저는 오픈스카이라는 온라인 쇼핑몰에 들어가 매니저 직급을 달았고 그 자리를 잃고 싶지 않았어요. 제가 낸 아이디어에 대한 비판을 일체 듣고 싶지도 않았죠. 결국 제가 스티브 잡스 행세를 했던 거죠. 이건 제 일이니까 누군가 다른 아이디어를 가져오면 그 자리에서 묵살해버렸어요. 그런 태도로는 우군을 만들 수 없어요. 솔직히 제가 형편없던 거죠. 우리 팀원들은 저와 일하길 싫어했어요."

내 말에 집중하는 그를 바라보며 나는 말을 이었다. "어느 날 상사가 저를 불러 팀원들을 제 편으로 만들지 못하면 제가 실패할 거라고 하더군요. 그때부터 접근 방식을 바꿨습니다. 저의 본분은 아이디어를 직접 전개하는 것이 아니라 가치를 만드는 거라고 하더군요. 저도 겸손을 배우고서야 사랑받는 프로덕트를 만들 수 있었어요. 그 전까지는 고객의 바람과 어긋나는 기능들을 만들고 있었죠. 아무도 써주지 않는 기능들 말이에요. 팀원들이 개발 방향에 동의하지 않아 의욕이 없었고 업무 진행 속도도 느렸어요."

닉은 내 말에 동의했다. "저는 이 일을 잘하고 싶어요. 어떻게 해야 실력을 쌓아 좋은 프로덕트를 개발할 수 있을까요?"

"팀원들 이야기를 들어보세요. 그들을 참여시키세요. 고객의 말을 듣고 그들의 문제에 집중하세요. 자신이 생각하는 해결 방안 말고요. 그 문제 자체를 사랑하세요. 그런 후 자신의 아이디어를 증명하고 검증할 데이터를 찾는 겁니다. 의견이 아닌 구체적인 증거에 의존하세요. 닉은 이 조언을 진심으로 받아들이고 나와 함께 접근 방식을 바꿔보았다. 브레인스토밍 시간을 마련해 팀원들을 참여시키기 시작했다. 한 달 만에 닉을 바라보는 모두의 시선이 부드러워지기 시작했다. 그는 팀원들과 소통을 이어가며 그들의 의견을 묻고 그들에게 공을 돌렸다. 다시 신뢰를 받으려면 아직 갈 길이 멀지만 올바른 방향을 잡은 것만은 분명했다.

모두의 의견을 듣는 것도 중요하지만 그렇다고 프로덕트 매니저가 모든 제안을 받아들여야 한다는 말은 아니다. 그런 방향으로 너무 멀리 가다 보면또 다른 프로덕트 매니저의 전형이 나온다. 바로 웨이터다.

웨이터

웨이터는 한 마디로 주문 접수를 받는 프로덕트 매니저다. 이해관계자, 고객, 매니저에게 다가가 무엇을 원하는지 물어보고 그들의 요구를 정리해 개발할 사항을 나열한다. 목표, 비전, 의사결정 과정도 없다. 마케틀리의 프로덕트 매니저의 90%가 이런 식이었다.

이런 유형의 프로덕트 매니저들이 내게 가장 많이 한 질문은 우선순위를 정하는 방법이었다. 맥락을 파악해 여러 요구를 절충하려면 목표가 필요한데 그 목표가 없으니 우선순위 설정이 요청하는 사람들 사이에서 인기투표로 전락하고 말았다. 가장 중요한 사람이 원하는 기능이 우선시되는 경우가 잦았다. 초 대기업에서도 이런 경우가 많다. 프로덕트 매니저는 고객들과 이야기하고 그들이 원하는 것을 알아내기 위해 올바른 의도를 가지고 다가간다. 하지만 웨이터는 문제를 발견하지 않고 묻기만 한다. "무엇을 원하세요?" 고객이 원하는 해결 방안을 구체적으로 설명하면 프로덕트 매니저는 그것을 곧이곧대로 실천한다. 프로덕트 자문가이자 컨설턴트인 데이비드 블랜드David Bland는 이런 접근 방식의 결과를 프로덕트 사망 주기라고 부른다. 그림 6-1을 보자.

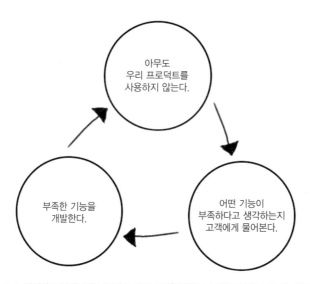

그림 6-1 데이비드 블랜드의 프로덕트 사망 주기(데이비드 블랜드로부터 재인쇄 허가를 받음)

프로덕트 사망 주기는 개발 함정의 구체적인 모습이다. 아이디어를 검증하지도 않고 구현해버리는 것이다. 문제해결 방안을 도출하는 것은 고객이 아닌 우리의 역할이다. 프로덕트 매니저는 고객이 겪는 문제를 깊이 이해하고 최고의 해결 방안을 판단해야 한다.

웨이터는 전략적으로 생각하지 않고 반응적으로 생각한다. 보통 이런 태도는 학습된 무력감에 크게 기인한다. 웨이터는 이 해결 방안들을 거부하고 문제를 더 깊이 파헤쳐볼 수 있다고 생각하지 않는다. 고객은 문제 해결을 원하고 경영진은 목표 달성을 원한다. 하지만 프로덕트를 성공으로 이끌려면 남의 말을 거부하는 과정은 필수다. 그것도 일의 일부다.

웨이터 유형은 또 다른 유형, 프로젝트 매니저형과 절친한 사이다. 그들은 '왜'보다 '언제'에 집중하곤 하기 때문이다. 프로젝트 매니저가 프로덕트 매니저의 직무를 맡으면 일정표를 가지고 다니는 웨이터가 되기 쉽다.

전직 프로젝트 매니저

프로덕트 매니저의 직무를 올바로 수행하려면 약간의 프로젝트 매니지먼트가 필요한 것이 사실이다. 그래도 프로덕트 매니저는 프로젝트 매니저가 아니다. 프로젝트 매니저는 '언제'를 책임진다. 프로젝트를 언제 완성할까? 모두 일정을 잘 따라오고 있나? 마감일을 맞출 수 있을까?

프로덕트 매니저는 '왜'를 책임진다. 이것을 왜 개발할까? 우리 고객에게 가치를 어떻게 전달할까? 이것이 사업목표 달성에 어떻게 기여할까? '왜'라는 질문은 '언제'를 챙기는 것보다 어려운 문제이며 자신의 역할을 제대로 이해하지 못하고 프로젝트 다루듯 일을 진행하는 프로덕트 매니저가 무척 많다. 아직도 프로젝트 매니저와 프로덕트 매니저가 같은 직무라고 생각하는 회사들이 많다.

애자일 방법론은 프로젝트 매니저의 책임을 팀 전체에 퍼뜨린다. 이런 1명이 여러 역할을 소화하는 팀에서는 핵심인력 모두 하나의 기능 출시에 매달려 있어 부서간을 조율할 필요성이 줄어든다. 따라서 그들이 각각 다른 사업 영역에 퍼져 여러 프로젝트에 시간을 쪼개 쓰던 과거처럼 프로젝트 매니지먼트가 절실하지 않다.

그래서 이런 회사에 있던 프로젝트 매니저의 상당수가 이제 프로덕트 매니저나 프로덕트 오너가 되었다. 하지만 훌륭한 프로덕트 매니저가 되기 위한 경험을 충분히 쌓지 못한 경우가 많다. '왜'라는 질문은 '언제'라는 질문보다 훨씬 어렵다. 우리에게는 고객, 사업, 시장, 조직을 이해하는 전략적 태도가 필요하다. 이것은 훌륭한 프로덕트 매니저가 되는 데 필요한 결정적인 역량이다.

7장

훌륭한
프로덕트 매니저

조직에서 프로덕트 매니저의 진정한 역할은 팀과 협력해 사업적 필요성을 충족시키는 동시에 사용자의 문제를 해결해주는 올바른 프로덕트를 만드는 것이다. 그러려면 여러 역할을 소화해야 한다. 프로덕트 매니저의 역할을 효과적으로 수행하려면 회사의 여러 영역을 필수적으로 이해해야 한다. 시장과 기업의 작동 방식을 이해하고 회사의 비전과 목표를 제대로 이해해야 한다. 프로덕트를 통해 공략하는 사용자와 깊이 공감해 그들이 무엇을 필요로 하는지 이해해야 한다.

'프로덕트 매니저'라는 직책에는 그 자체에 오해의 소지가 있다. 유능한 프로덕트 매니저는 관리자가 아니다. 그 자리에는 직접적인 권한이 별로 없다. 팀을 효과적으로 이끌기 위해 프로덕트 매니저는 팀원들의 강점을 인정하고 그들과 합심해 공통 목표를 달성해야 한다. 프로덕트 매니저는 팀원들과 회사의 나머지 구성원을 설득해 지금 향하는 개발 방향이 옳다는 믿음을 심어주어야 한다. 이렇게 마음을 움직이는 역량이 반드시 필요하다.

프로덕트 매니저의 직무에 대한 큰 오해 중 하나는 그들이 제품의 모든 것을 책임지고 모두에게 지시를 내릴 수 있다고 생각하는 것이다. 그러면 다른 팀원들을 소외시킬 뿐이다. 프로덕트 매니저가 실제로 담당하는 것은 개발 중인 프로덕트에 대한 '왜'다. 그들은 회사의 전략을 수행하기 위한 당장의 목표를 알고 팀이 나아갈 개발 방향을 이해하고 그 방향을 팀원들에게 전달한다.

프로덕트 매니저는 팀원들과 함께 아이디어를 전개하고 요구사항들이 검증되면 고객, 사용자, 회사의 목표가 달성되는 방향으로 프로덕트 개발을 진행한 후 프로덕트의 비전을 만들어 소통하고 지원해 굳게 다진다. 하지만 결국 프로덕트를 만들어가는 것은 팀 전체다. 프로덕트가 바로 '무엇'에 해당한다.

무엇을 개발할 것인지 구상하려면 전략적, 실험적으로 접근해야 한다. 프로덕트 매니저는 이 실험을 이끄는 동시에 '모르는 줄 아는 것'을 전부 파악하고 밝혀내야 한다. 프로덕트 개발 초기 단계에서 모르는 줄 아는 것은 보통 '고객을 위해 해결해야 할 문제가 불확실하다'라는 식의 문제 탐구와 고객 행동이 주를 이룬다. 이 몰랐던 것들의 정체가 명확해지면 이번에는 고객의 문제를 해결해줄 열쇠의 정체가 불확실해진다.

프로덕트 매니저는 점들을 연결한다. 고객 연구, 전문가의 정보, 시장조사, 사업 방향, 실험 결과, 데이터 분석 자료를 면밀히 뜯어보고 분석한 후 이것을 활용해 회사를 발전시키고 고객의 필요를 채우는 데 기여할 프로덕트 비전을 그린다.

이때 프로덕트 매니저가 겸손한 태도를 갖춰야만 자신이 모든 답을 알지 못한다는 사실을 되새기며 모르는 것을 배울 수 있다. 우리는 개발 과정에서 가설과 씨름하고 과학적인 태도로 그 가설의 타당성을 검증해 위험을 줄인다. 프로덕트 매니저의 궁극적인 목표는 학습을 통해 위험을 줄이는 것이다. 무엇보다 자신의 아이디어만 좋은 아이디어가 아니라는 사실을 기억하자.

기술 전문가와 시장 전문가의 대결

훌륭한 프로덕트 매니저는 사업, 기술, 디자인 부서와 교류해 그들의 집단 지식을 활용할 줄 안다. 프로덕트 매니저로서 최악의 성향 중 하나는 외로운 늑대형이다. 오직 혼자서만 프로덕트의 성공을 책임진다는 발상이다. 이런 거만한 태도는 팀원들의 아이디어를 묵살해버리게 된다. 훌륭한 프로덕트 매니저는 팀원들의 역량과 전문성을 활용해야 발전할 수 있다는 것을 안다.

프로덕트 매니저는 무에서 유를 창조하듯 해결책을 떠올리는 것이 아니다. UX 디자이너와 협력해 사용자용 주요 작업 흐름, 사용자의 목표 달성에 도움을 줄 경험 요인을 이해한다. 개발자들과 함께 일하면서 프로덕트나 기능을 시장에 신속히 내놓을 방안을 결정하는 것도 프로덕트 매니저의 역할이다.

UX 디자인과 프로덕트 매니지먼트의 차이는 무엇일까? 이 두 분야는 중복되는 부분도 많지만 사용자 경험은 훌륭한 프로덕트를 개발하는 과정의 단편에 불과하다. 디자인은 성공적인 프로덕트 개발의 매우 중요한 요소다. 프로덕트 매니지먼트는 시스템 전체를 돌보는 활동이다. 요구사항, 기능 요소, 가치 제안, 사용자 경험, 기저에 깔린 사업 모델, 가격전략과 결합 상태를 모두 살펴보면서 그것으로 회사에 수익을 안겨줄 방법을 구상해야 한다. 조직 전체의 큰 그림을 이해하고 경험만이 아닌 프로덕트 자체가 조직에 부합하게 만들 방법을 알아내는 것이 관건이다.

기업이 프로덕트 매니저를 고용할 때 저지르는 가장 큰 실수 중 하나는 기술 전문가나 시장 전문가를 찾으려는 것이다. 프로덕트 매니저는 둘 중 아무 영역의 전문가도 아니다. 프로덕트 매니저는 프로덕트 매니지먼트 분야의 전문가다. 그렇다고 기술이나 시장에 대한 지식이 필요 없다는 뜻은 아니다. 엔지니어나 사업부서 사람들과 대화를 나누고 충분한 정보를 바탕으로 의사결정을 내릴 수 있는 정도의 지식이면 충분하다.

프로덕트 매니저는 기술을 읽고 쓸 줄 알아야 하지만 유창할 필요는 없다. 그 정도 역량이라면 기술을 충분히 이해하고 논의하면서 개발자들과 대화하고 절충적인 결정을 내릴 수 있다. 엔지니어에게 어떤 질문을 해야 하는지 알고 특정 기능이나 개선작업의 복잡성을 이해한다. 매우 복잡한 기술에 능통해야만 결정을 내릴 수 있는 프로덕트가 아니라면 프로덕트 매니저가 코딩을 할 줄 몰라도 된다.

시장에 대해서도 마찬가지다. 프로덕트 매니저가 시장을 잘 알면 유용하지만 그것은 배워서 알면 된다. 팀원들의 역량을 조화롭게 구성하는 것이 중요하다. 시장분석력이 뛰어난 팀원이 있다면 훌륭한 프로덕트 매니저는 그 팀원과 대화해 배우고 그의 역량을 활용한다.

마케틀리에도 이런 문제가 있었다. 그들은 전직 마케팅 전문가 몇 명을 프로덕트 매니저로 고용했다. 그 전문가들은 마케팅에는 능통했지만 온라인 교육회사용 프로덕트 개발에는 애를 먹었다. 결국 우리는 그 마케터들을 회사 콘텐츠 부문으로 보냈다. 그것은 그들의 직무개발이나 회사 목표 달성 면에서 타당한 결정이었다.

프로덕트 매니저는 세심히 모든 부문의 균형을 맞춰 전략을 세우고 프로덕트를 위한 최선을 판단해야 한다. 훌륭한 프로덕트 매니저는 팀원들의 의견을 경청하지만 최종적으로 사업과 사용자를 위한 최선이라는 어려운 선택을 한다.

훌륭한 프로덕트 매니저

"그래서 훌륭한 프로덕트 매니저는 어떤 사람인가요?" 마케틀리 사람들이 물었다. 그들이 내 의견을 듣는 것을 지겨워하는 것 같아 나 대신 평소 알고 지내던 프로덕트 매니저 메건을 불렀다. 메건은 대형 은행에서 소비자 담보대출용 소프트웨어를 만들었다. 그는 프로덕트 매니저의 직무에 대한 평소 생각과 주요 업무를 말했다.

"저는 항상 담보대출 부서의 비전을 생각하면서 출발합니다." 메건은 말했다. "그것이 저희 회사의 일입니다. 담보대출을 원하는 사람들이 어디서든 쉽고 편리하게 대출신청을 할 수 있도록(또는 기존 대출자가 간편하게 접속할 수 있도록) 만드는 것이 비전입니다."

메건은 최초 대출신청자들의 경험 개선을 담당했다. 그는 그들과 대화를 나누고 배우는 데 많은 시간을 들였다. "사용자들과 진심을 다해 공감하면서 그들이 어느 지점에서 불만을 가지는지 알아내려고 노력했습니다. 우리 고객들을 메리와 프레드라고 부르기로 하죠." 그는 마케틀리 팀원들에게 말했다. "뉴욕에 사는 그들 부부는 코네티컷에서 처음 집을 살 계획입니다. 메리가 임신해 집을 넓혀야 하거든요. 그들이 이 담보대출 신청을 하려면 어떤 과정을 거쳐야 하는지 상상조차 못 할 겁니다. 지난 달 동네 은행 지점을 여러 번 방문해 대출담당자를 만나야 했습니다. 은행에서 엄청나게 많은 서류를 작성했고 필요한 서류를 가끔 깜빡 잊는 바람에 다음 날 서류를 가지고 다시 방문해 모든 서류를 처음부터 다시 작성해야 했습니다. 그런 다음에는 원하는 액수를 받을 자격이 되는지 듣기 위해 기다려야 했죠." 메건은 그 부부가 겪어야 했던 복잡한 과정에 대한 설명을 이어갔다. 메건은 자신의 고객을 잘 알고 그들의 고충을 잘 이해한 것이 확실했다.

그렇다면 어느 고충을 해결해야 할지 어떻게 판단했을까? 메건은 이미 소속 부서의 비전에 부합하는 사업 목표를 파악하기 위해 프로덕트 부사장과 협력하고 있었다. 소속 부서의 비전은 최초 대출신청자 수를 늘리는 것이었다. 당시는 담보대출 신청을 시작한 최초 신청자의 60%가 최종적으로 이 은행에서 대출받지 않고 절차가 더 간소한 경쟁사로 돌아섰다.

메건은 그 비율을 개선해야 했기에 담보대출 서비스 제공에 대한 고객의 필요와 문제점들을 평가하기 위해 자문했다. "이렇게 하면 그들이 우리 은행에서 대출 신청을 마칠 가능성이 커질까?"

메건은 우선 중도 포기율이 60%나 되는 원인이 궁금했다. 이 은행에서 대출 신청을 시도했다가 그만둔 사람들의 데이터를 간추려 그들에게 연락했다. 상당수는 절차에 불만을 느끼고 누군가가 개선해주길 간절히 바라고 있었다.

메건은 팀원, 개발자, UX 디자이너들과 함께 정기적으로 사용자 연구시간을 갖고 모두 문제를 명확히 이해하도록 만들었다. 얼마 안 가 패턴이 보였다. 서류를 온라인으로 검증할 수 없어 은행을 방문해달라는 요청을 받은 사람이 많았지만 서류 검증을 위해 방문 가능한 약속시간을 찾는 데 오래 걸려 대부분 다른 은행으로 발길을 돌렸다. 더 넓은 고객층을 상대로 설문조사한 결과, 이 문제의 심각성을 확인할 수 있었다. 이 문제를 경험한 사람들 중 이 은행에서 실제로 대출신청을 마친 사람은 25%에 불과했다.

이제 문제를 파악했으니 팀원들을 모아 문제 해결 아이디어를 도출할 실무 회의를 열었다. 그들은 결론으로 바로 넘어가는 대신 몇 가지 문제 해결 방식을 구상하면서 최선의 해결 방안을 판단하기 위해 간단한 실험을 진행하기로 했다.

메건은 실험을 해야 한다고 우리 팀에게 설명했다. 담보대출에 필요한 서류를 업로드하고 온라인 검증 시스템 구축 방법을 이해하는 작업을 몸소 실천하는 것이었다. 팀원들은 최초 대출신청자 중 일부를 선발해 서류를 이메일로 보내게 했다. 이 실험에서 은행은 서류를 검토해 승인할 담당자를 지정했다. 그 기간 동안 신규 신청자들은 은행을 직접 방문해 서류 확인을 받아야 했던 사람들보다 대출신청 완료 가능성이 90% 더 높았다.

이 실험에서 메건은 온라인으로 모든 일을 처리하는 것이야말로 목표를 달성하고 사용자 만족도를 높일 최선임을 검증했다. "당장 시작할 수 없다는 것은 알았지만 미래를 위한 비전이었죠. 그 방향으로 가면서 각 요소를 더 깊이 이해해야 했습니다."

그 지점부터 메건의 팀은 앞 단계로 거슬러 올라가는 업무 방식을 택했다. 가치들의 우선순위를 정하고 해야 할 일을 이해하면서 새 프로덕트의 첫 번째 버전에 무엇을 담을지 결정한 것이다. 성공적이었던 실험을 확대해 대출신청자들의 서류 전송 방법을 더 지속가능한 방식으로 바꾸면서도 서류 검증작업은 여전히 사람 손에 맡겼다. 모든 신청자 정보를 온라인으로 검증할 수는 없어도 방문이 필요한 검증 대상을 50%나 줄였다. 훌륭한 시작이었다.

그들은 서류 검증을 위한 방문을 0으로 만든다는 목표 달성을 위해 인공지능 요소와 온라인 공증인 도입을 비롯한 대안을 계속 반복적으로 적용하기로 계획을 세웠다. "프로덕트 매니저로 일하면서 가장 큰 배움은 항상 문제에 집중하라는 것입니다. '왜'에 집중하면 제대로 된 프로덕트를 개발할 가능성이 높아지죠."라고 메건은 말했다.

'왜'에서 출발하자

이제 메건의 팀이 성공한 이유를 알아보자. 그는 '왜'에서 출발했다.

- 왜 우리는 담보대출 공간에서 모든 것을 디지털화하고 있을까?
- 왜 우리는 이 프로젝트를 하는 걸까?
- 우리가 여기서 달성하고 싶은 결과는 무엇일까?
- 성공한 상태는 어떤 모습일까?
- 전부 디지털화했는데 아무도 담보대출 신청을 안 하면 어떻게 될까?
- 위험을 어떻게 줄일 수 있을까?

프로덕트 매니저는 수반되는 위험을 철저히 따져보지도 않은 채 해결 방안 모색 단계로 뛰어드는 경우가 많다. 앞에서 언급한 각 질문에는 메건의 프로젝트를 망칠 위험이 하나씩 도사리고 있다. 우리는 왜 이 일을 할까? 프로덕트 매니저에게 '왜'를 질문할 기회를 주는 조직이나 은행은 드물다. 이해관계자나 경영진은 기능과 해결 방안을 만들라는 숙제를 안겨주곤 한다. 연간예산 책정 시기에 무슨 기능을 개발할지 정해서 개발팀에게 일을 시키는 회사도 있고, 어떤 해결안을 밀고 나갈지 정해서 지시하는 것을 매니저의 직무라고 보는 회사도 있다. 이런 식으로 일하면 해결 방안을 구현하는 과정에서 편견이 작동하므로 실패할 위험이 따른다. 모든 문제 해결 방안은 개인이나 조직의 편견에 좌우된다. 모든 편견을 물리치려면 사용자로부터 배우고 실험할 수밖에 없다.

조직 상부에서 해결 방안을 내려주다 보면 성공 지표와 목표 설정을 건너뛰기 쉽다. 그러면 프로젝트 진행 방향이 크게 바뀔 수도 있다. 메건이 '아무도 대출을 직접 신청할 필요가 없도록 온라인 담보대출 신청 절차를 만들라'라는 지시를 대뜸 받았다고 가정하자. 그런데 알고 보니 대출 신청을 온라인으로 하지 않고 사무실을 방문하고 싶어하는 고객들이 있었다면? 이 절차를 디지털화할 때 대출 신청 완료율이 급락한다면? 프로덕트 매니저에게 잘못된 부분을 바로잡을 권한이 없는데 어떻게 올바른 방향으로 결정을 내릴 수 있단 말인가?

내가 제품 중심으로 조직을 개편하려는 기업에 자문하러 갔을 때 경영자들이 가장 많이 털어놓은 고민은 프로덕트 매니저가 발벗고 나서서 '프로덕트를 책임'지지 않는다는 것이었다. 하지만 이것은 '양날의 검'이다. 프로덕트 매니저가 개발을 주도할 여지가 더 큰 경우도 많다. 그래서 해결 방안에 의문을 품고 위에서 내려온 지시를 반려할 수도 있지만 데이터를 수집해 해결 방안을 검증하려면 시간이 오래 걸린다. 이 지점에서 애자일 방법론의 '프로덕트 오너product owner'와 '프로덕트 매니저'의 개념을 혼동하기 쉽다.

스크럼 관련 문헌을 보면 프로덕트 오너의 역할은 다음 3가지다.

- 개발팀을 위해 프로덕트 백로그를 정의하고 실현 가능한 사용자 스토리를 만든다.
- 백로그에 있는 업무에 대비하고 우선순위를 정한다.
- 완성된 사용자 스토리를 받아들여 기준에 맞는 작업이 나오게 한다.

이것은 주로 하루이틀 걸리는 짧은 프로덕트 오너 교육에서 집중적으로 배우는 역할들이다. 스크럼은 프로덕트 오너로서 해야 할 일의 절차와 의례를 많이 알려주지만 그것만으로 해결되지 않는 의문점도 많다. 다음은 성공적인 프로덕트를 만드는 데 중요한 질문들이다.

- 가치를 어떻게 결정할까?
- 시장에서는 프로덕트의 성공 여부를 어떻게 측정할까?
- 우리가 올바른 프로덕트를 개발하고 있다는 것을 어떻게 알 수 있을까?
- 우리 프로덕트의 가격 책정과 포장은 어떻게 할까?
- 우리 프로덕트를 시장에 어떻게 내놓을까?
- 프로덕트 개발과 구매 중 어느 것이 나을까?
- 신규 시장에 진입할 때 제3의 소프트웨어를 어떻게 통합해야 할까?

프로젝트 오너로서의 역할은 프로덕트 매니지먼트 업무의 일부에 불과하다. 훌륭한 프로덕트 매니저는 명료한 결과지향적 목표 달성을 위해 일의 우선순위를 정하고 고객과 사업의 실제 가치를 정의하고 제품이 시장에서 성공할지 여부의 불확실성을 줄이는 데 필요한 절차를 공부한다.

프로덕트 매니지먼트에 대한 이런 배경지식이 쌓이면 스크럼에서 프로덕트 오너 흉내를 잘 낼 수 있지만 올바른 제품을 개발하고 있다는 확신을 갖기는 어렵다. 즉, 프로덕트 오너가 스크럼 팀에서 수행하는 '직무'인 반면, 프로덕트 매니저는 '커리어'다.

스크럼 팀과 스크럼 절차를 없애더라도 프로덕트 매니저는 그대로 존재한다. 프로덕트 매니지먼트와 스크럼은 공존할 수 있지만 프로덕트 매니지먼트는 스크럼에 의존하지 않는다. 어떤 체계와 절차를 도입하든 프로덕트 매니저는 필요하며, 기업이 이 점을 이해해야만 팀을 성공으로 이끌 수 있다.

대부분의 기업은 직원들에게 프로덕트에 대한 비전을 세우고 연구할 시간을 주지 않는다. 지속적으로 결과물을 내게 하고 백로그 쌓기와 스토리 작성을 기준으로 성공을 측정할 뿐이다.

메건은 상사와 조직이 성공을 위한 환경을 조성해준 덕분에 큰 성공을 거둘 수 있었다. 그들은 메건의 목표를 정의하기 위해 힘을 모았고 상사는 목표 달성을 위한 여지를 주었다. 회사는 메건이 계획 완수를 위해 해야 할 일을 지원해주었다. 무엇보다도 그에게는 사용자들과 대화할 특권이 주어졌다.

담보대출 신청을 중도 포기한 사람들과 대화하면서 그는 서류 확인에 얽힌 문제점을 파악하고 깨달았다. "아하! 이 서류들을 확인할 방안을 찾아내면 사람들이 대출 신청을 끝까지 마치게 할 수 있겠군." 어떤 결과가 나와야 하는지 대충 구상해놓고 있는지 없는지도 모르는 문제를 해결하겠다고 나서는 대신, 해결해야 할 문제의 정체부터 파악한 것이다.

그런 다음 메건은 팀원들과 문제 해결 방안을 생각해보았다. 메건 혼자 북치고 장구치는 과정은 아니었다. 개발자, 디자이너, 이해관계자를 비롯해 프로젝트 성공에 필요한 사람들이 총출동했다. 필요한 사람은 모두 동원했다. 문제를 진단하지도 않은 채 이해관계자들의 지시에 따라 기능을 만드는 일은 없었다. 다만, 올바른 해결 방안을 모색하면서 담보대출 사업 경험이 있는 이해관계자의 정보와 조언을 참고했다. 사내 팀들이 무엇을 하고싶어 하는지가 아니라 사용자들이 무엇을 필요로 하는지에 집중했다. 그렇게 실험에 성공한 후에야 회사 사람들을 모아놓고 전체 기능에 대한 비전을 제시할 수 있었다.

프로덕트 매니저는 궁극적으로 몇 가지 핵심적인 역할을 수행한다. 그 중에서 가장 중요한 것은 사업 목표와 고객 목표를 결합해 가치를 창출하는 것이다. 고객들이 실제로 겪는 문제를 해결한다는 관점에서 제품을 만들거나 최적화해 사업 목표 달성 방안을 알아내야만 훌륭한 프로덕트 매니저가 된다. 이것은 매우 중요한 역량이다.

프로덕트 매니저가 무엇을 해야 하는지, 왜 중요한지 모르는 기업들이 너무나 많다. 나는 주기적으로 말한다. 사람들은 회사에 프로덕트 매니저가 필요하다는 생각조차 안 한다고. "CEO가 오만 가지를 다 제안해요." 이런 말을 종종 듣는다. "우리가 대기업도 아니고 직원은 몇백 명뿐입니다. 우리 리더들이 소화할 수 있다고요." 변명거리를 쌓아가는 기업치고 사용자들을 위해 지속가능하고 장기적인 가치를 실현하는 경우는 드물다. 그들은 금방 혼란에 빠지고 기업 규모가 크면 서서히 흐지부지된다. 개발 함정에서 빠져나와 고객이 필요로 하고 원하는 지속가능한 솔루션과 프로덕트에 집중하려면 프로덕트 매니지먼트를 받아들여야 한다.

하나의 직책, 수많은 직무

크리스는 상황을 이해하기 시작했다. "저는 프로덕트 매니저들을 정말로 원해요. 커리어 발전 단계를 어떻게 만들어줄 수 있나요? 어떡해야 팀원들이 계속 열정을 갖고 성장하죠?" 우리는 프로덕트 매니저가 어떤 책임을 지고 경력이 쌓이면 어떤 변화가 생기는지 설명했다.

프로덕트 매니저의 역할과 책임은 주어진 환경, 프로덕트 개발 단계, 조직에서 책임자로서의 위치에 따라 달라진다. 스크럼 팀이 없거나 팀 규모가 작으면 아직 정의하지 않은 프로덕트 전략 설정과 검증을 많이 하게 된다. 스크럼 팀이 있으면 해결 방안 실행에 더 중점을 둔다. 프로덕트 매니저의 상사는 프로덕트의 더 큰 틀을 위한 전략을 이끌고 팀원들이 그 전략을 잘 이해해 실행하도록 지도한다.

확장형 애자일 프레임워크Scaled Agile Framework, SAFe는 이 점을 다르게 가르치는데 이거야말로 전체 프레임워크에서 가장 취약한 지점일 것이다. 확장형 애자일 프레임워크에서 프로덕트 매니저는 프로덕트 오너의 상사 역할을 하고 외부와의 소통 및 관련 업무를 담당한다. 고객과 대화하고 요구사항과 프로덕트 개발 영역을 정의하고 이 내용을 프로덕트 오너들에게 알려준다. 프로덕트 오너들은 내부에서 소통하면서 해결 방안 요소들을 정의하고 개발자들과 협력해 프로덕트를 출시한다.

나는 확장형 애자일 프레임워크를 이용하는 수십 개 팀을 교육해왔지만 이 방식을 잘 활용하는 팀은 한 번도 본 적이 없다. 기술 관련 일거리 전체를 깔끔한 상자들에 늘어놓는 프레임워크에는 귀가 솔깃하지만 현실에서는 실패하기 십상이다. 프로덕트 오너는 사용자와 단절되어 있고 문제를 잘 이해하지 못해 효과적인 해결 방안을 모색하지 못한다. 프로덕트 매니저는 요구사항을 그야말로 폭포수처럼 쏟아붓는다. 그리고 팀원들은 그 요구사항을 개발하는 것이 옳은지 검증할 권한이 없다. 검증작업을 하는 사람은 아무 데도 없다.

프로젝트 오너들은 두 역할을 모두 소화할 시간이 없다고 주장한다. 요즘 실정을 보면 맞는 말이다. 내가 대화를 나누어본 프로덕트 오너들은 일주일에 40시간씩 수많은 사용자 스토리를 쓴다고 했다. 그 시점에서 우리는 돌아봐야 한다. 그 사용자 스토리가 중요하기는 할까? 사용자 스토리부터 작성하느라 미룬 일은 무엇인가? 문제가 정말 해결될지 여부는 어떻게 확인할까? 팀원 1명이 매주 사용자 스토리 작성에 그렇게 많은 시간을 쏟고 있다면 그 팀 책임자는 개발 함정에 빠진 것이 분명하다.

훌륭한 전략 틀을 채택하고 몇 가지 핵심 목표를 중심으로 철저히 우선순위를 정하면 1명이 실질적으로 고객들과 대화하고 그들이 겪는 문제를 이해해 팀원들의 해결 방안 도출을 도와줄 수 있다. 프로덕트의 성숙도와 성공 여부에 따라 외부 업무와 내부 업무의 양이 바뀔 것이다. 하지만 이 일들을 절대로 한 방에 처리하려고 하지 말자.

나는 고객사를 교육할 때 부사장, 프로덕트 리더, 중간급 관리자와 같이 직급이 높은 프로덕트 매니저는 시장조사, 회사의 목표와 전략 이해, 현재의 프로덕트 성공도 점검을 통해 회사의 목표에 기반한 비전과 전략 수립에 집중하라고 가르친다. 스크럼 팀이 없거나 소규모 팀(UX 디자이너 1명과 개발자 1명 등)을 이끄는 프로덕트 매니저는 미래의 프로덕트들을 위해 전략 수립에 참여하고 타당성을 검증한다. 프로덕트 개발 방향의 타당성이 검증되면 그들을 중심으로 스크럼 팀 규모를 확대하고 해결 방안을 발전시킨다.

프로덕트 개발 단계에 맞춰 팀 규모를 유연하게 조절하는 것도 중요하다. 발견 단계에 있는 프로덕트 매니저에게 대규모 스크럼 팀의 백로그 관리를 맡기면 어찌어찌 일을 해내겠지만 개발자들에게 계속 일이 가도록 조절하는 업무와 진행 방향의 타당성을 검증하는 업무 사이에서 갈팡질팡하다가 결국 두 마리 토끼를 모두 놓치기 쉽다.

기업과 고객에게 가치를 선사하는 프로덕트를 개발하고 싶다면 회사 안에서 바람직한 프로덕트 매니지먼트 기반을 다져야 한다. 이 기반이 다져져야 직원들이 상위 역할로 성장하면서 커리어를 발전시킬 수 있으니 직원들이 프로덕트 매니저처럼 생각하게 하자. 그들은 대부분 스크럼 팀에서 프로덕트 오너 역할을 맡고 있을지도 모르지만 그들이 프로덕트 매니저처럼 생각해야 기업이 올바른 프로덕트를 개발하고 있는지 검증할 수 있다.

조직이 작으면 프로덕트 팀의 규모도 작아서 팀원들이 일당백을 한다. 그들은 회사의 성공을 위해 많은 직무를 소화해야 한다. 기업 규모가 커지면 프로덕트 팀 규모를 키우고 책임 범위도 더 명확하게 정해야 한다. 1명이 프로덕트 포트폴리오를 지원하기 위해 필요한 모든 업무를 수행하기에는 시간이 부족하므로 프로덕트 매니지먼트 조직에 더 많은 직급을 도입하고 그들이 전술, 전략, 운영 관련 업무를 수행하는 정도에 따라 책임을 조정해야 한다.

프로덕트 매니저의 전술 업무는 기능을 구축해 출시하는 단기활동 위주다. 개발자와 디자이너의 업무를 분류하고 살펴보는 일상업무, 다음 업무를 결정하기 위해 데이터를 처리하는 업무가 여기에 해당한다.

전략 업무는 프로덕트와 회사가 시장에서 성공하고 목표를 달성하게 만들어줄 위치선정 작업이다. 제품과 회사가 미래에 어떤 모습이어야 할지, 그 모습이 되기 위해 무엇을 해야 할지 구상한다.

운영 업무는 전략을 전술 업무와 결합시키는 것이다. 이 지점에서 프로덕트 매니저는 프로덕트가 현 상태에서 미래 상태로 나아가고 팀원들의 업무를 정렬하기 위한 로드맵을 만든다.

개발팀과 함께 일하고 사용자의 필요와 문제들을 개별적으로 분류하고 데이터를 측정하는 기반은 직급을 불문하고 모든 프로덕트 매니저에게 중요한 역량이다. 소프트웨어나 하드웨어 개발의 기술적 영향을 이해하고 사용자 경험이 사용자 가치에 어떤 영향을 미치는지 파악해 사업 목표 달성에 활용하는 것이 이 직무의 기본이다. 하지만 포트폴리오나 프로덕트의 규모에 따라 프로덕트 담당자들이 이런 지식을 기능 개발에만 국한시키지 않고 더 넓은 관점에서 발전시켜야 모든 것이 단일 체계 하에서 움직인다. 그래서 그림 8-1에서처럼 프로덕트 매니저가 성장할수록 전술 업무 비중이 줄어든다.

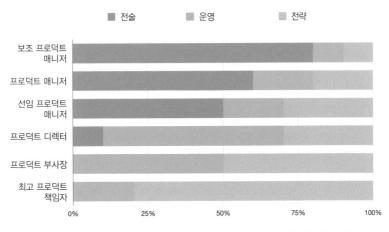

그림 8-1 프로덕트 담당자의 직급에 따른 전략, 운영, 전술업무 비중(10명 이상의 팀)

일반적인 프로덕트 매니지먼트 경력 경로를 소개한다.

- 보조 프로덕트 매니저
- 프로덕트 매니저
- 선임 프로덕트 매니저
- 프로덕트 디렉터
- 프로덕트 부사장
- 최고 프로덕트 책임자[CPO]

보조 프로덕트 매니저

보조 프로덕트 매니저는 프로덕트 매니저 입문 단계다. 하지만 8장을 시작할 때 설명한 것처럼 마이크로소프트와 구글을 제외하면 이 직무가 있는 기업은 드물다. 우리가 업계를 바꿔나가야 할 부분이다. 훌륭한 프로덕트 매니저를 원하는 기업은 그런 인재를 직접 길러내기 시작해야 한다.

이 분야를 잘 알고 배우려는 의지만 있다면 누구나 프로덕트 매니지먼트의 기본기를 배울 수 있다고 생각하지만 반드시 이 일을 커리어로 받아들이며 전문성을 익혀야 한다. 앞에서 말했듯이 애자일 자문기관에서 흔히 말하는 것과 달리 프로덕트 매니지먼트 업무는 이틀 만에 배워서 정복할 수 없다. 타 전문 분야와 마찬가지로 경험과 실습을 통해 역량을 갈고 닦아야 한다.

개발자들은 고참 설계자나 개발자로부터 도제식으로 일을 배운다. 영업직원은 자기 부서의 경험이 풍부한 책임급에게서 일을 배운다. 프로덕트 매니지먼트에도 이런 관계가 필요하므로 후배들에게 사수가 되어 줄 경력 있는 프로덕트 매니저가 있어야 한다. 하지만 높은 직급의 프로덕트 담당자를 채용해본 사람이라면 모두 알듯이 사람 자체가 많지 않다. 요건을 갖춘 사람은 누군가가 금방 데려간다. 이 직무에 경력 있는 사람이 이렇게 부족한 이유는 무엇일까?

이 문제를 해결할 방법은 프로덕트 매니지먼트 직무 보조나 새내기 양성 프로그램을 만드는 것이다. 기업을 운영하거나 프로덕트 조직을 직접 꾸리는 위치에 있는 사람이 직원들에게 이런 커리어 선택지를 제시해주길 바란다. 학교를 갓 졸업했거나 프로덕트 매니저로 커리어를 바꾸려는 사람들에게 길을 열어주는 것이다. 선임 프로덕트 매니저가 그들의 사수가 되어 일하는 방법을 가르쳐준다. 필요한 것을 모두 지도한다. 신입들에게 기회를 주어 경력자를 양성한다.

프로덕트 매니저

프로덕트 매니저는 개발팀, UX 디자인팀과 협력해 고객에게 적합한 해결 방안을 구상하고 구축한다. 그들은 프로덕트 개발 단계부터 참여해 사용자와 대화하고 데이터를 종합하고 기능에 대한 결정을 내린다. 프로덕트 매니저는 보통 하나 또는 한 묶음의 기능을 책임지며, 이러한 기능은 프로덕트라는 더 큰 결과물의 일부분이다.

프로덕트 매니저는 어려운 자리다. 전략적으로 생각해 기능의 비전을 만들고 프로덕트 전체와 어우러지게 해야 한다. 그러면서도 전술적으로 생각해 해결 방안을 원활하게 수행할 전술을 생각해야 한다. 이 단계에서는 단기적인 영향을 받는 책임을 수행하고 로드맵에 제시된 기능들을 출시하므로 전략 관련 업무보다 운영 관련 업무가 많다.

프로덕트 매니저가 운영 업무만 도맡아 프로덕트를 출시하는 과정만 관리하고, 전체적인 관점에서 기능을 최적화하는 데 집중하지 않으면 위험하다. 팀의 하루하루 업무 처리를 최적화하는 데만 급급해지면 기능을 성공으로 이끌기 위해 필요한 전략을 세우고 비전을 제시하는 일이 뒤로 밀리기 때문이다. 그래서 프로젝트 매니지먼트 활동을 팀원들에게 최대한 맡기고 출시 업무를 위임해야 한다.

프로덕트 매니저는 더 큰 프로덕트 팀의 일원으로서 프로덕트와 포트폴리오 단계에서 프로덕트 담당자들에게 기능의 성과 관련 데이터를 공급한다. 이 데이터는 프로덕트 포트폴리오와 조직의 전략, 방향성을 보여준다. 프로덕트 매니저는 보통 프로덕트 디렉터, 소기업에서는 프로덕트 부사장에게 보고한다.

프로덕트 오너 직책을 추가한 기업들이 많다. 7장에서 소개했던 책임들을 그대로 수행하는 직책이다. 프로덕트 책임자를 프로덕트 매니저가 되기 전에 거치는 입문 단계로 간주한다. 앞에서 설명했듯이 프로덕트 매니저가 전략만 담당하고 프로덕트 오너가 전술만 담당한다고 생각하면 비전과 일상 업무를 잇는 연결고리가 끊어진다. 그러면 앞에서 설명했듯이 프로덕트 오너가 전술에만 치중할 때 생기는 위험이 닥친다. 커리어를 개발하고 위로 올라가려는 프로덕트 책임자에게 실전에 필요한 전략업무 경험이 없는 것이다. 업계 차원에서 프로덕트 오너라는 직책을 없애고 이 직무를 맡은 사람을 모두 프로덕트 매니저라고 불러 일관되고 의미 있는 커리어 경로를 만드는 것이 가장 바람직하다고 본다.

선임 프로덕트 매니저

선임 프로덕트 매니저는 프로덕트 매니저와 같은 책임을 맡지만 더 광범위하고 복잡한 프로덕트를 감독한다. 프로덕트 매니지먼트 부문에서 개인적인 기여자로서 올라갈 수 있는 높은 자리다. 즉, 선임 프로덕트 매니저는 인력 관리에 관여하지 않는다. 팀을 성장시키기보다 프로덕트를 만드는 데 집중한다. 운영 업무를 맡길 사람이 없으므로 보고를 직접 하지 않으면 매우 어려운 자리다. 전략 업무와 운영 업무를 모두 높은 수준에서 수행하면서 둘 사이의 균형을 잡아야 한다.

이 직무는 까다로운 제품 문제를 좋아하는 사람들에게 적합하다. 새롭고 혁신적인 프로덕트를 만들고 사업영역 확장 계획을 세우고 싶어한다. 개발 부문 설계자는 다른 개발자들을 관리하기보다 개발 구조 계획과 규모 확장에 집중하는데 선임 프로덕트 매니저의 역할도 이와 매우 비슷하다.

대기업이든 소기업이든 선임 프로덕트 매니저는 기업의 성공에 결정적 역할을 한다. 다른 많은 프로덕트 매니저들보다 독립적으로 움직이기 때문이다. 사업을 위한 새 제품 라인 개발을 시작하는 경우가 많으므로 기업가 정신이 투철하면 좋다.

프로덕트 디렉터

프로덕트 디렉터는 비교적 큰 기업에만 있으며 규모 확장에 핵심 역할을 한다. 기업이 성장하다가 어느 시점에 이르면 프로덕트 부문의 수장에게 보고하는 직원이 너무 많아지는 동시에 프로덕트 범위가 넓어지고 기능 제작량이 늘어난다. 이때 프로덕트 부서에 프로덕트나 포트폴리오 비전을 주지시켜 그들이 전략을 일관되게 적용하고 운영업무를 효율적으로 진행하도록 도와줄 프로덕트 디렉터가 필요하다.

프로덕트 디렉터 직급은 인력관리의 첫 단계다. 프로덕트 매니저들은 포트폴리오나 프로덕트 라인에 속한 프로덕트 하나를 중심으로 일하며 프로덕트 디렉터가 이 매니저들을 감독한다. 프로덕트 디렉터는 보통 향후 1년 앞을 내다보며 프로덕트의 전략적 로드맵을 책임진다. 모든 프로덕트 매니저가 한 방향을 바라보면서 적절한 목표를 가지고 프로덕트 발전을 위해 가장 중요한 일을 하고 있는지 확인해 팀을 효과적으로 운영하는 것도 프로덕트 디렉터의 몫이다.

프로덕트 부사장

다음으로 프로덕트 부사장은 프로덕트 라인 전체의 전략과 운영을 감독한다. 프로덕트 부사장은 프로덕트 라인이 회사의 목표와 같은 방향으로 성장하게 한다. 팀원들의 조언과 그들이 제공하는 데이터를 바탕으로 프로덕트 전체의 비전과 목표를 설정한다. 대기업의 프로덕트 부사장은 프로덕트 기능 출시뿐만 아니라 프로덕트 라인의 재무적 성공도 직접 책임진다. 대기업에서 프로덕트 부사장은 프로덕트 포트폴리오를 성공적으로 구축하기 위해 통일된 전략과 목적을 가져야 한다. 중소기업에는 프로덕트가 하나뿐이고 프로덕트 라인이 여러 개 있지 않으므로 보통 프로덕트 부사장이 가장 높은 직급이다. 이런 회사에서 프로덕트 부사장은 몇 안 되는 프로덕트 팀을 책임지는 경우가 많고 프로덕트 업무의 전술 측면에 주력해 업무를 완수하므로 기업가정신이 강한 편이고 새 프로덕트를 출시해 성장시키는 역량이 뛰어나다.

실무에서 프로덕트 부사장은 전략, 전술 중 한쪽에 더 치중한다. 프로덕트 매니저로서의 자질과 프로덕트 자체를 성장시키는 역량이 뛰어난 부사장이 있는 반면, 전략에 더 집중하고 프로덕트의 성장 계획을 도출하는 부사장도 있다. 프로덕트 부사장으로 성공하려면 무엇보다 전략적이어야 하고 조직 규모를 키우려면 전술업무와 운영업무를 넘겨받을 사람들을 뽑아야 한다는 사실을 알아야 한다. 부사장 자리에서 전략에 가장 주력하는 최고 프로덕트 책임자 자리로 올라가기 위해서도 이 과정이 필요하다.

최고 프로덕트 책임자

최고 프로덕트 책임자, 즉 CPO는 비교적 새로 생겼지만 조직에서 매우 중요한 직책이다. CPO는 회사의 프로덕트 포트폴리오 전체를 감독한다. 프로덕트 매니저로서 가장 높은 직급이며 기업 임원이 된다는 의미다.

기업은 두 번째 프로덕트를 개발하고 다른 지역에 진출하거나 다른 기업과 합병하기 시작하는 단계에서 CPO 선임을 고려한다. 이 자리는 포트폴리오 전체가 회사 목표 달성을 향해 일사불란하게 전개되도록 하는 중요한 역할을 한다.

CPO는 프로덕트 포트폴리오를 성장시켜 사업을 경제적 성공으로 이끌어야 할 책임이 있다. 그들은 프로덕트 부사장과 함께 일하면서 모든 프로덕트가 회사의 목표와 전략적 궤를 함께 하고 각 프로덕트에 목표 달성을 위한 자원과 인력을 배치시킨다.

CPO는 이사진과도 소통해야 한다. 인사이트 벤처 파트너스[Insight Venture Partners]의 벤처 파트너이자 CPO 직책 전문가인 셸리 페리[Shelley Perry]는 이렇게 설명한다. "이사진은 기술과 프로덕트 관련 결정이 미치는 재무적 영향에 신경씁니다. CPO로 성공하려면 프로덕트 부문에서 이루어지는 활동들을 이사진이 이해하는 언어로 옮길 수 있어야 합니다."

페리가 몸담은 인사이트의 고객사들은 모두 성장 단계에 있는 소프트웨어 회사들이다. 그는 이런 기업들의 최고의 CPO 채용을 도울 때 아래의 성격적 특성을 중시한다.

> 이미 프로덕트, 기술, 재무관리 면에서 모두 뛰어난 사람들이 있다고 할 때 최고 프로덕트 책임자로서 빛을 발하는 사람은 3가지 면에서 두드러진다. 신뢰감을 주고, 공감하며, 굴복하지 않고 끈질기게 버티는 것이다.

프로덕트의 방향성에 대한 신뢰감을 주기 위해 CPO는 여러 직무를 아우르면서 합의를 이끌어내고 모두의 방향을 정렬시켜야 한다. 핵심 부서들과 이해관계자들을 연결하는 다리가 되어 두 집단이 한마음이 되게 해야 한다. 그러려면 상대방에 맞추어 이야기 전개 방식을 조정하고 집단 사이에서 진정성 있는 행동을 해야 한다. 그래야만 직접적인 지시를 내리는 대신 영감을 주는 방식으로 일을 처리할 수 있다.

다른 최고 경영자급 직책과 마찬가지로 CPO는 프로덕트 매니지먼트의 교과서적 원칙만을 바탕으로 결정을 내리는 자리가 아니다. 현재 상태, 재무적 목표, 조직 증감률과 같은 다른 요소들을 반드시 고려해야 한다. CPO는 다른 임원진, 고객, 팀들과 공감함으로써 모든 목표에 일관성을 부여하고 앞으로 나아가는 길을 찾는다. 그러면 유사 업계를 면밀히 살피고 고객의 관점을 직접 체험할 수도 있다.

마지막으로 CPO는 절대로 굴복하지 않는 끈기가 있어야 한다. 무엇이 효과적이고 무엇이 그렇지 않은지 파헤치고 알아내려는 열망이 필요하다. 끊임없이 평가, 분석하고 가설을 검증하고 스스로 데이터에 대한 책임을 진다. 뭔가 계획대로 작동하지 않을 때는 문제를 파헤치고 무엇을 해야 할지 파악하는 집요함이 있어야 한다.

최고 책임자급에 유능한 프로덕트 리더를 두는 것은 프로덕트 중심 기업으로 가는 중요한 발걸음이다. 이 분야는 아직 태동기이다 보니 아쉽게도 채용시장에 CPO급 인재가 많지 않다. 내가 경영하는 회사 프로덕스 랩은 인사이트 벤처 파트너스와 협력해, 프로덕트 부사장을 현재 몸담은 회사의 CPO로 키우는 CPO 엑셀러레이터로 만들었다. 앞으로 성장 단계의 기업에서 훌륭한 프로덕트 중심조직 구축에 기여할 미래의 지도자들을 양성할 생각을 하니 무척 기쁘다.

9장

팀 조직하기

프로덕트 팀을 구성하고 프로덕트와 기능 제작에 필요한 업무를 중심으로 팀원들을 조직하는 것은 프로덕트 개발의 성공 열쇠다. 기업이 조직을 구성하는 방식에는 가치 흐름, 기능, 기술 요소가 있다.

내가 마케틀리를 처음 만났을 때 이 회사는 기술 요소를 중심으로 조직되어 있었다. "애자일 코치는 우리 프로덕트들의 모든 영역에 스크럼 팀을 두어 전체를 소화하게 하라고 제안했습니다."라고 최고 기술 책임자가 말했다. 이론상으로 말은 되지만 실무에서 이렇게 하면 프로덕트 매니지먼트의 질이 떨어진다.

내가 프로덕트 매니지먼트 역량 강화를 위한 프로덕트 팀 워크숍에서 탄탄한 기반의 중요성을 강조하자 프로덕트 오너들이 맞장구쳤다. "대부분 정말 훌륭한 이야기에요. 저도 이런 식으로 일하고 싶지만 우리 로그인 API용 백로그를 계속 채워야 하니 그럴 수 없어요. 안 그러면 개발자들이 할 일이 없거든요."

나는 "새로운 API인가요? 지금 수정하고 있는 중대한 사안이라도 있나요?"라고 물어보았다. 알고 보니 심각한 문제는 없었다. 프로덕트는 잘 작동하고 있었다. "어떤 목표를 갖고 계시죠? API 개발을 마치고 다음 단계로 넘어가도 좋은 시점을 어떻게 파악하죠?"

"아, 그게 아니에요." 그는 말했다. "이게 제 담당이에요. 저희 팀이 담당하는 게 이 API에요. 다른 것을 맡을 일은 절대로 없을 거예요. 이게 저희가 맡은 기능이죠. 영원히."

그들은 이미 안정적인 상태에 접어들어 최적화된 상태로 잘 돌아가는 기술 요소를 열심히 매만지고 있었다. 회사 목표 달성을 위해 필요한 작업이 아니었는데도 그는 팀원들을 위해 일거리를 만들고 있었다. 그가 이 기능을 책임지라는 지시를 받았고 일을 진행할 수 있었기 때문이다.

특정 기능을 중심으로 팀들을 구성하면 비슷한 문제가 생긴다. 담당 범위를 정하기 위해, 즉 프로덕트의 모든 부분에 대한 책임을 분배하기 위해 이런 식으로 팀을 짜는 경우가 많다. 프로덕트 조직을 구성하지 않은 상태에서 아예 처음부터 개발을 시작하는 경우에는 좋은 방법이지만 이런 방식은 시간이 흐를수록 결과물 중심적인 태도를 야기한다. 목표를 이루기 위해 일하고 그 과정에 도움이 되지 않는 것들을 거부하는 대신 프로덕트에서 우리에게 할당된 작은 조각과 관련 있는 것들을 개발할 방법을 찾게 되는 것이다.

한 걸음 물러나 이 팀들의 업무를 프로덕트와 전략의 전체적인 비전에 맞게 조율하면(다음 절에서 다룬다) 그 중 우선 다루지 않아도 될 일이 무척 많을 것이다. 기능이 안정되면 모니터링을 지속하면서도 프로덕트 전략을 뒷받침하기 위해 더 중요한 다른 일로 넘어가야 한다.

여기서 이런 질문이 나올 수 있다. 팀들이 모든 기능을 담당해서 기능들을 돌보는 사람이 늘 존재하게 만드는 게 낫지 않을까? 그렇기도 하고 아니기도 하다. 팀들을 효과적으로 조직하려면 각 팀의 담당 범위와 영역, 조직이 달성하려는 목표가 균형을 이루게 해야 한다.

회사가 작을 땐 이루어야 할 목표를 중심으로 조직을 효과적으로 구성할 수 있었다. 여기서 예로 든 트랜스퍼와이즈TransferWise는 런던에 있는 전자 송금 회사다. 은행에 비해 매우 저렴한 수수료만 내고 각국에 여러 통화로 돈을 보내는 서비스를 제공한다. 트랜스퍼와이즈의 프로덕트 팀은 12개 정도로 규모가 작은 편이다. 그들은 전략 목표를 중심으로 팀들을 조직해 팀 수를 늘리지 않으면서도 방대한 업무량을 소화한다.

한 팀은 고객 보유, 다른 팀은 새 통화 도입, 또 다른 팀은 새 사용자 유치에 집중한다. 각자 주어진 목표를 책임지고 성과를 바탕으로 성공 여부를 평가받는다. 각자 목표를 달성하기 위해 필요한 일이라면 뭐든지 할 수 있도록 모든 프로덕트를 넘나들며 일한다. 프로덕트 팀들 사이에 상당한 협조가 필요하므로 전 직원이 서로 적극 협력할 책임이 있다. 그런 협조가 번거로울 때도 있지만 팀 수가 적으면 가장 중요한 계획들을 중심으로 철저히 우선순위를 매겨서 쓸모 없는 일을 하지 않는다.

이렇게 조직을 구성하면 회사 전반에 여유가 생겨 한 제품에 대한 중요한 정보가 1명의 머릿속에만 머물지 않는다. 누군가 조직을 떠나더라도 퇴사자가 심도 있게 구축해둔 지식을 잃을 걱정을 할 필요가 없다. 특정 부분에 버그가 있는데 그 부분을 책임지는 팀에서만 수정 방법을 알고 있고 때마침 그 팀이 바쁘다는 이유로 타 팀에서는 담당팀이 한가해지길 무작정 기다려야 하는 불상사도 없다.

트랜스퍼와이즈는 극단적인 사례지만 그들에게는 이 방식이 효과적이다. 다만, 기업 규모가 커지고 특히 관리하는 프로덕트가 두 개 이상으로 늘어나면 이 방식은 힘을 잃는다. 팀을 꾸릴 때 다른 요소를 추가해야 하지만 프로덕트 전략과 목표를 중심에 두는 구조는 유지하는 것이 좋다. 이 요소들과 함께 조직의 가치 흐름도 보아야 한다.

가치 흐름은 고객에게 가치를 전달하는 데 필요한 모든 행동을 말한다. 문제 발견, 목표 설정, 아이디어 구상, 실제 제품이나 서비스 출시까지의 과정이 이 흐름에 포함된다. 조직이 고객에게 가치를 전달하는 속도를 높이려면 이 흐름을 최적화하기 위해 노력해야 한다. 그러려면 가치 흐름을 중심으로 팀들을 조직하는 것이 맞다.

팀을 이렇게 조직하는 방법은 무엇일까? 먼저 프로덕트 고객이나 사용자를 생각하자. 여러분은 그들에게 어떤 가치를 제공하는가? 이제 거꾸로 돌아간다. 고객이 그 가치를 받기 위해 여러분의 회사와 만나는 접점은 무엇인가? 접점을 파악했으면 회사는 고객의 여정을 최적화하고 간소화하기 위해 어떻게 체계를 세우는가? 더 큰 가치를 더 빨리 제공하기 위해 어떻게 최적화하는가?

프로덕트라는 단어의 의미를 혼동하는 기업들이 많다. 프로덕트라고 하면 앱, 기능, 인터페이스를 떠올리기 쉽다. 그림 1-1의 가치 교환 도표를 다시 보면 프로덕트는 가치를 전달하는 수단이므로 앱, 인터페이스, 기능이 그 자체로 가치를 더해주지 않는다면 프로덕트 전체 중 일부로 보아야 한다. 그렇다고 관리가 필요없다는 말은 아니다. 다만 가치를 창출하고 전달하기 위한 프로덕트 매니지먼트 방식을 이해하려면 그런 조각들보다 더 큰 그림을 보아야 한다는 뜻이다.

한 보험사가 있다고 가정하자. 이 회사의 프로덕트는 그들이 고객에게 판매하는 자동차보험, 주택보험, 생명보험 등이다. 우리는 운전하다가 사고가 났을 때 안심하기 위해 자동차보험에 가입한다. 그것이 가치다. 이때 자동차보험을 관리해주는 스마트폰 앱은 프로덕트 가치 흐름의 단편에 불과하다. 앱이 있으면 내가 가입한 보험 정보를 확인하거나 사고가 났을 때 주어진 선택지를 알아보기 좋다. 이 기능은 소비자에게 가치가 있지만 앱 하나만으로는 충분한 가치를 창출하지 못한다. 자동차보험이라는 프로덕트가 여전히 필요한 것이다.

프로덕트 매니저가 스마트폰 앱 경험을 담당하게 할 수는 있지만 이 부서는 보험사가 제공하는 진정한 가치를 만드는 곳, 즉 자동차 부서라는 더 큰 조직에 속해 있어야 한다. 이 구조가 갖춰져야 부서 차원의 전략을 세우고 프로덕트 매니저는 회사의 프로덕트와 관련된 프로덕트 계획을 실행할 수 있다. 전략과 가치 실행이 한 방향을 향하게 하는 것이 관건이다. 이 방식을 따르면 팀에서 수행하는 일들을 제대로 평가하고 전략을 필수적으로 따르게 만들 수 있다.

회사가 프로덕트를 늘리기 위해 규모를 키울수록 매니지먼트 단계를 늘려야 다양한 영역을 효과적으로 감독할 수 있다. 하지만 과욕은 금물이다. 단계 수를 적절히 맞추는 것도 전략 성공에 큰 영향을 미친다(다음 항목에서 다시 설명한다). 조직의 층위를 최소한으로 나누고 프로덕트 매니저에게 프로덕트 영역에 대한 권한을 늘려주면 프로덕트 전략을 뒷받침하는 체계를 갖춘 프로덕트 조직을 효과적으로 만들 수 있다.

마케틀리의 프로덕트 팀

마케틀리의 프로덕트 팀은 규모를 키울 수 있는 방식으로 설계되어 있지 않았다. 이 회사에는 구성 요소들을 중심으로 20개 프로덕트 팀이 있었고 팀마다 프로덕트 매니저들이 매일 사용자 스토리를 쉴새없이 작성하고 있었다. 이 프로덕트 매니저 20명 중 대부분은 이 직무를 새로 맡았다는 이유로 보조 프로덕트 매니저로 간주됐다. 선임은 1명뿐이었다. 부사장 카렌이 그들을 지도했다.

"이 조직을 어떻게 키워야 하죠?" 어느 날 크리스는 내게 물었다.

"가치 흐름을 중심으로 구조를 새로 짜야 해요. 하지만 먼저 선임급이 더 필요합니다. 그리고 경력 있는 최고 프로덕트 책임자 채용도 시작하셔야 해요." 나는 설명했다. "카렌은 프로덕트 부사장으로 훌륭하지만 최고 프로덕트 책임자는 될 수 없어요. 프로덕트 하나의 비전을 결정하고 성장시킬 전술적, 전략적 업무에는 매우 훌륭하지만 프로덕트 포트폴리오를 관리하는 방법은 이해하지 못합니다. 이사진과 마주보고 앉아 수익 면에서 이 사업을 성장시킬 방안을 설명하지는 못하는 겁니다. 아직 일이 벅차고 배우려는 의지가 강한 상태입니다. 카렌은 프로덕트 팀을 이끌고 현재의 강사 플랫폼용 비전을 세울 수 있지만 전략적, 조직적 의사결정을 도와주고 그를 다음 단계로 올라가도록 지도해줄 사람이 필요해요."

아직 끝이 아니었다. "그것도 그렇고 더 연륜 있는 사람들이 필요하고 팀 구조를 새로 짜야 합니다. 지금은 기능 요소들 중심으로 모두 퍼져 있는데 가치 흐름에 따른 전체적인 비전을 가지고 그들을 끌어당기는 사람이 없습니다. 예를 들어, 강사가 영상을 올리고 학습 과정을 만들 수 있는 플랫폼을 발전시킬 계획이라고 합시다. 지금 프로덕트 매니저 4명이 이 플랫폼 개발에 투입되어 있지만 전체적인 비전 담당자는 1명도 없어요. 플랫폼이 완성된 모습에 대한 합의가 안 되어 있습니다. 카렌은 강사 경험에 대한 확고한 비전을 세워두었지만 수강생 경험까지 동시에 관리하지는 못해요. 저라면 학생 경험을 담당할 다른 프로덕트 부사장을 더 찾아보겠습니다."

그림 9-1은 마케틀리가 원하는 프로덕트 조직의 최종 상태를 처음 표현해 본 것이다. 우리는 프로덕트의 현재를 아는 상태로 조직 구성을 시작했지만 최고 제품 책임자가 채용된 후 더 탄탄한 프로덕트 비전이 생기면서 이

과정을 반복적으로 적용하려고 했다. 프로덕트 비전이 없으면 조직 구조를 짤 수 없다. 가치 흐름이 뚜렷하지 않기 때문이다. 다행히 마케틀리는 단기간에 상당한 영향력을 발휘하기에 충분한 비전이 있었다.

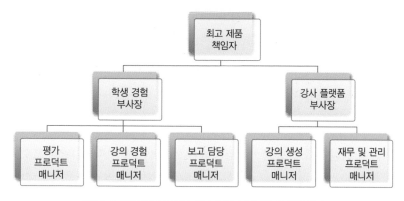

그림 9-1 마케틀리 프로덕트 매니지먼트 조직 차트의 최종 상태

여기서 우리는 고참과 신입의 균형을 맞추고 규모를 적절히 키울 수 있게 했다. 이 조직은 20명으로 구성되어 있지 않다는 것을 알 수 있다. 왜일까? 프로덕트를 가치 흐름에 따라 분류하고 전체적인 가치를 전달하는 기능 세트들을 중심으로(API 같은 성분 영역들을 중심에 두지 않고) 조직을 구성한 결과, 20개 영역이 나오지 않은 것이다. 성분이 아닌 가치를 중심으로 팀을 재편할 때 흔히 생기는 현상이다. 목표를 달성하는 데 그만큼 많은 사람이 필요없다는 것을 알게 된다.

음악 구독 서비스 '판도라'Pandora는 팀 규모가 작다는 한계를 성공의 발판으로 삼은 기업의 예다. 그들은 엔지니어 40명만으로 월간 사용자 7천만 명까지 규모를 키웠다.[1] 분기별로 회사가 하는 일들의 우선순위를 철저히 정

---

1 "판도라, 제품 우선주의 체계를 통해 엔지니어 40명만으로 월 사용자 7천만 명 달성(This Product Prioritization System Nabbed Pandora 70 Million Monthly Users with Just 40 Engineers)", 〈퍼스트 라운드(First Round)〉. http://bit.ly/2O4KmR2.

한 것이 비결이다. 이것은 오늘날 판도라가 70억 달러의 가치를 지닌 기업으로 성장한 기반이었다. 덩치를 작게 유지한 덕분에 사업 성장에 가장 중요한 업무에 집중할 수밖에 없었다.

프로덕트 매니저는 전반적인 성과지향적 목표 달성을 위해 노력할 여지가 필요하다. 즉, 공통 가치를 기준으로 사람들을 정렬하고 실제로 측정 가능한 방식으로 가치 실현에 기여할 기회를 부여해야 한다는 뜻이다. 그러려면 앞에서 말한 노력이 필요하다. 사업에서 가장 중요한 업무인 전략을 중심으로 팀들을 짜는 것이다.

몇 가지 핵심 목표를 중심으로 철저히 우선순위를 정하면서 일관된 프로덕트 전략을 수립하지 않는 조직은 결국 얇고 넓적하게 퍼져버린다. 그러면 프로덕트 전체를 보지 않은 채 구성 성분들을 최적화하려고 노력하는 팀들이 많아진다. 잊지 말자. 영향력을 키우려면 모두 한 방향을 보면서 같은 목표를 이루기 위해 노력하게 만들어야 한다. 판도라가 그랬듯이 3부에서는 이렇게 큰 영향력을 만들 전략을 짜는 방법을 소개한다.

역할
전략
절차
조직

훌륭한 전략은 계획이 아니다. 의사결정을 도와주는 체계다. 프로덕트 전략은 기업의 비전과 경제적 성과를 프로덕트 포트폴리오, 개별 제품 계획, 팀들을 위한 해결 방안 선택지들과 연결짓는다. 전략 설정은 기업의 방향을 결정하고 의사결정 체계를 구축하는 과정이다. 사내 부서 등 각 차원에서 전략을 세운 후 조직 전체에 적용한다.

2005년 넷플릭스는 400만 명 이상의 구독자와 영화, TV 방송 5만 편을 보유하고 있었다. 창업 6년 만의 눈부신 성장이었다. 창업자가 비디오 대여점에서 연체료 20달러 때문에 망신을 당하면서 세운 비전을 중심으로 회사전체가 결집했다. '가장 쉽고 편리한 방식으로 영화와 TV 방송을 고객에게제공한다'라는 고객중심 비전에 집중한 넷플릭스는 시장이 오락물을 소비하는 방식을 완전히 뒤흔들기 시작했다.

당시 넷플릭스는 DVD 공간에 집중 투자해 엄청난 성공을 거두었지만DVD를 사업의 종착지로 보지는 않았다. 이 회사의 창업자이자 CEO인 리드헤이스팅스Reed Hastings는 2005년 〈Inc.〉지와의 인터뷰에서 이렇게 말했다.

> 당분간은 DVD가 큰 수익을 계속 창출할 겁니다. 적어도 10년은 넷플릭스가 우세한 입지를 유지할 수 있겠지만 인터넷으로 영화를 보는 세상이 오고 있습니다. 언젠가는 거대한 사업이 되겠죠. 우리는 매년 수익의1~2%를 다운로드 부문에 투자하기 시작했습니다. 배송비를 획기적으로 줄일 수 있어 무척 기대됩니다. 주문형 비디오(VOD)가 활성화될 때를대비하고 싶어요. 그래서 회사 이름도 넷플릭스입니다. 우편 DVD(DVD by-Mail)가 아니라요.[1]

넷플릭스는 진정으로 가장 편리한 영화 시청 매체가 되려면 오락물을 사용자의 손에 더 빨리 쥐어줄 방법을 찾아야 한다는 것을 알고 있었다. 2000년대 초반에는 인터넷이 빠르게 발전하고 있었음에도 스트리밍은 실현 가능한 선택지가 아니었다. 당시 냅스터에서 간단한 오디오 앨범 하나만 내려받으려고 해도 꼬박 하룻밤이 걸렸다. 그런데 DVD는 그런 오디오 파일보다 용량이 천 배는 컸다. 하지만 2005년 무렵 인터넷은 스트리밍을 실현할 수 있는 단계로 발전하고 있었다. 넷플릭스는 이 발전을 바탕으로 전사

---

1   2005년 12월 1일 〈Inc.〉지 기사 '나는 어떻게 했나: 리드 헤이스팅스(How I Did It: Reed Hastings)'에서
    리드 헤이스팅스가 패트릭 J. 사우어(Patrick J. Sauer) 기자에게 말했다. http://bit.ly/2ONZO9n.

적 미래 전략을 구상했다.[2]

1. DVD 시장에서 덩치를 키운다.
2. 스트리밍을 주도한다.
3. 전 세계로 확장한다.

넷플릭스는 이미 온라인 주문형 비디오 시장에 손대고 있어 사람들의 관심이 있는지 파악할 수 있었다. 인터넷 속도가 빨라지면서 우편으로 DVD를 받아보기보다 영상을 주문해서 내려받는 사람이 늘어날 것으로 예상했다. 전략 관점에서 보면 오락물을 바로 손에 넣을 수 있는 것이 분명히 편리했지만 내려받기 서비스 이용자는 회사의 기대만큼 아직 많지는 않았다. 왜였을까?

넷플릭스가 뒤로 물러나 소비자 관점에서 상황을 살펴본 결과, 당시 인터넷을 이용할 수 있는 기기는 노트북과 가정용 컴퓨터뿐이었다. 두 기기 모두 영화를 볼 때마다 이용하기에 가장 편리하고 쾌적한 도구는 아니었다. 물론 어쩌다가 한 번씩 노트북으로 영화를 볼 수는 있어도 매번 그런 식으로 시청하는 것은 썩 내키지 않았다. 대부분 영화는 가족, 친구들과 커다란 화면으로 보고 싶었던 것이다. 스트리밍 시장을 주도하려면 이 문제를 타개해야 했다. 그래서 넷플릭스는 구독자가 어떤 기기에서든 콘텐츠를 감상할 수 있는 방식을 만들기로 결정했다.

그래서 TV에 꽂는 인터넷 접속기기를 자체 개발하기로 했다. 이름하여 프로젝트 그리핀[3]이었다. 그들은 기기 개발, 시험, 검증에 몇 년을 쏟아부

---

2 2017년 6월 21일 깁슨 비들(Gibson Biddle)이 미디엄(Medium)에 게시한 '분기별 제품전략 회의 운영 방법: 프로덕트 관련 이사회(How to Run a Quarterly Product Strategy Meeting: A Board Meeting for Product)' http://bit.ly/2z4Y4h7.

3 오스틴 카(Austin Carr)가 〈패스트 컴퍼니(Fast Company)〉에 기고한 '넷플릭스의 프로젝트 그리핀 들여다보기: 리드 헤이스팅스가 지휘한 로쿠의 잊힌 역사(Inside Netflix's Project Griffin: The Forgotten History of Roku Under Reed Hastings), http://bit.ly/2Pnm2yA)

었다. 마침내 출시를 며칠 앞둔 2007년 어느 날 리드 헤이스팅스는 전 직원에게 이메일을 보내 제작을 멈추라고 말했다. "그냥 접어요." 그는 말했다.

그 많은 시간과 돈이 출시를 며칠 앞두고 물거품이 됐다. 왜 그랬을까?

그것은 하드웨어 기기를 출시하고 나면 다른 어느 기업도 넷플릭스와 협력 관계를 맺지 않을 것임을 깨달은 헤이스팅스의 결정이었다. 사업 영역이 소프트웨어나 엔터테인먼트가 아닌 하드웨어로 바뀌는 일인데, 하드웨어는 넷플릭스의 핵심 비전이 아니었다. 그래서 프로젝트 진행을 멈추는 어려운 결정을 내린 것이다. 아무리 완성이 코앞이라도 이 프로젝트는 기업 전체의 전략에서 어긋나 있었다.

그 대신 넷플릭스는 프로젝트 그리핀을 별도 회사로 분리했다. 이것이 오늘날 로쿠Roku라는 기업이다. 그런 후 넷플릭스는 기기를 만드는 협력사를 찾는 방향으로 눈을 돌렸다. 이런 회사의 기기에 탑재하는 앱을 만들기 위해서였다. 그들은 마이크로소프트와 접촉한 지 6개월 후 백만 대 이상의 엑스박스 기기에 넷플릭스를 탑재해 스트리밍 고객을 늘리는 목표를 달성했다.

넷플릭스 이야기는 탁월한 전략의 완벽한 예다. 그들이 터놓고 말해준 덕분에 우리도 많은 것을 배울 수 있었지만 이런 전략 틀이 있는 기업도 프로젝트 그리핀과 로쿠라는 개발 함정에 빠질 수 있다. 왜 그럴까? 헤이스팅스가 〈뉴욕타임스〉와의 인터뷰[4]에서 말했듯이 한눈을 팔기 쉽기 때문이다.

---

4   James B. Stewart, "Netflix Looks Back on Its Near-Death Spiral," The New York Times, April 26, 2013년 4월 26일자 〈뉴욕타임스〉, 제임스 B. 스튜어트(James B. Stewart)의 '넷플릭스, 죽음에 가까웠던 나선을 돌아보다(Netflix Looks Back on Its Near-Death Spiral)' https://nyti.ms/2JgiRmF.

블록버스터와의 싸움에서 결과적으로 승리를 거두고 과거를 되돌아보니 그 모든 일이 우리의 집중력을 분산시키고 있다는 것을 알게 됐다. 도움이 되기는커녕 약간의 타격을 주기까지 했다. 우리가 이긴 것은 매일 수행하는 배송 서비스를 개선한 덕분이다. 이 경험이 우리 발목을 잡았다. 이기려면 핵심 사명을 더 잘 수행해야 한다.

다행히 넷플릭스는 이 사실을 너무 늦기 전에 깨닫고 전략 틀과 사람들을 행복하게 만든다는 핵심 사명으로 돌아왔다. 그렇게 개발 함정에서 벗어난 뒤 다른 개발 함정에도 빠지지 않았다. 이제 넷플릭스는 오늘날 가장 성공한 소프트웨어 기업 중 하나로 거듭났다. 그 성공 비결은 무엇일까?

우선 회사 전체가 하나의 탄탄한 비전에 집중했다. 이 비전은 시간이 흐르고 시장이 진화하면서 함께 진화했다. 이제 넷플릭스의 비전은 '세계 최고의 오락물 배급 서비스가 되고 전 세계 오락물의 라이선스를 판매하고 영화 제작자들이 접근할 수 있는 시장을 만들고 전 세계 콘텐츠 창작자들이 각국 시청자들을 만나게 도와준다'라는 것이다. 이 비전에는 넷플릭스의 존재 이유와 그 목표에 이르기 위한 모든 계획이 담겨 있다. 그것을 통해 모든 팀이 올바른 방향으로 나아가게 한다.

다음 단계는 목표들을 달성하도록 핵심적인 결과와 전략을 중심으로 자체 조직을 구성하는 것이었다. 2005년부터 2010년까지 넷플릭스에서 프로덕트 부사장을 지낸 깁슨 비들Gibson Biddle은 프로덕트 전략을 평가하는 공통 지침을 기준으로 팀들을 정렬시켰다고 말한다. 그 지침은 '수익이 증가하고 남들이 따라하기 힘든 방식으로 고객을 기쁘게 한다'였다. 그는 이것을 달성하고 넷플릭스가 개인화, 오락물에 대한 즉각적인 접근, 손쉬운 사용 등으로 이루어진 '핵심 계획(표 III-1)을 중심으로 기업 비전을 이끌 목표들을 설정했다. 팀들은 이 목표들을 달성할 전술을 탐구하고 각 전술에 대한 지표 달성을 책임졌다.

표 III-1 2007년 넷플릭스 전략, 깁슨 비들

핵심 전략	전술	지표
개인화	레이팅 위자드, 넷플릭스 프라이즈	6주 안에 50편 이상의 작품을 평가한 고객 비율, 평균 제곱근 편차
즉각성	허브 확장, 스트리밍	하루 안에 배송된 DVD 비율, 월 15분 이상 시청한 고객 비율
이윤 증가	이전 시청 기록, 광고, 가격, 요금제 시험	총 이익, 고객 평생 가치
용이성	간소화와 없애기, 점진적 공개	첫째 날 3편 이상 대기시켜 놓은 고객 비율

이런 비전, 목표, 핵심 계획의 조합은 체계 형성에 도움이 되고 넷플릭스는 이렇게 형성된 체계 안에서 프로덕트에 대한 결정을 내린다. 이에 따라 로쿠 출시 백지화라는 어려운 결정을 내리기도 했다. 넷플릭스는 현재 작업 중인 문제 해결 방안이 아니라 그 방안을 통해 만들어내려는 성과를 중시해 전술을 바꾸거나 아이디어를 접을 수 있다. 그런 다음 모든 요소가 나란히 정렬되어 있으며 의사결정의 기준으로 활용할 수 있는 프로덕트 전략을 추구하게 한다.

넷플릭스와 같은 전략 틀의 큰 장점은 나무들을 자세히 들여다보기 전에 숲을 먼저 생각하는 것이다. 소프트웨어를 개발할 때 우리는 큰 그림을 무시하고 세부 사항들부터 생각하곤 한다. 어떤 기능을 만들 수 있을까? 그 기능을 어떻게 최적화할까? 언제 출시할까? 기능 차원의 모델만 생각하는 기업은 그 기능을 통해 달성해야 하는 성과에 도달하지 못한다. 그러면서 개발 함정에 빠지는 것이다.

10장에서는 기업 비전의 큰 그림에서 출발해 밑으로 내려가면서 팀들의 활동에 이르는 전략 구성 요소를 알아본다. 프로덕트 팀들을 올바른 성과를 내는 방향으로 정렬해 집중력을 발휘하게 만드는 훌륭한 전략을 말해보려고 한다.

전략이란 무엇일까?

어느 월요일 오후 내가 지도하는 마케틀리 팀이 회의실에 모여 다음 실험을 계획 중이었다. 회원가입률을 높일 방안을 연구하는 중 문제가 생겼다. 사람들이 가입을 꺼리는 이유를 정확히 몰랐던 것이다. 이 날 회의는 그 원인을 알아보는 시간이었다.

"회원가입 깔때기를 만든 결과, 3단계에서 사람들이 떨어져 나간다는 것을 알게 됐어요. 정확히 왜 떨어져 나가는지 진단을 시작하는 것이 이번 주 목표입니다. 이 목표를 어떻게 이룰까요?" 내가 팀원들에게 질문하는 동안 최고 기술 책임자가 회의실에 들어와 앉았다.

"그들과 연락할 방법을 찾아야 해요." 개발자가 말했다. "가능한 방법은…"

최고 기술 책임자가 불쑥 끼어들어 말을 끊었다. "저는 프로덕트 전략이 뭔지 이해가 안 되네요. 뭐죠?"

"무슨 말씀을 하시는 건지 모르겠네요." 내가 대답했다. "지금 문제를 진단하려고 해요. 그래야 나중에 개발할 것을 결정할 수 있으니까요. 목표는 있지만 우선은 그 목표를 둘러싼 문제들을 파악하고 있죠."

"아니죠." 그는 말했다. "전략을 세우셔야죠. 사이트에 들어갈 내용 전체, 원하시는 백엔드, 앞으로 3개월 동안 개발하실 사항이 모두 들어간 사양문서를 이번 주 안에 보여주시기 바랍니다."

나는 거절했다. "왜 개발해야 하는지도 불확실한 상황에서 무엇을 개발해야 할지 어떻게 알 수 있을까요? 어떤 문제를 해결해야 할지 알아야 어떤 프로덕트가 적절할지 파악할 수 있습니다."

CTO가 원한 것은 전략이 아니었다. 계획이었다.

계획을 세세하게 짜놓는 것이 아니라 의사결정을 도와주는 체계를 제시하는 것이 훌륭한 전략이다. 이해관계자들이 꿈꾸는 기능과 그 꿈을 이루어줄 방안이 자세히 정리된 문서를 프로덕트 전략으로 여기는 사람들이 많다. 이런 문서에는 플랫폼이니 혁신이니 그럴 듯한 단어들이 가득 쓰여 있다.

프로덕트의 최종 상태를 알려주는 것 자체가 틀린 것은 아니다. 우리는 비전을 이루기 위해 분투해야 하지만 검증도 안된 비전과 그럴 듯한 기능들에 몰두하는 것은 위험하다. 사람들에게 어떤 전략이 있는지 물어봤다가 할 일 목록을 읊는 대답이 돌아오면 나는 이렇게 되묻곤 했다. "개발해야 할 기능이 그게 맞는지 어떻게 아세요?" 명쾌한 답이 돌아오는 경우는 거의 없다. 가끔 이런 말도 듣는다. "저도 몰라요. 그냥 위에서 시키던데요?"

나는 단념하지 않고 상급자를 찾아가 팀원들이 이 프로덕트를 개발하는 이유를 물어본다. 그러면 무척 흥미로운 대답이 나온다. 시장조사 결과, 그런 게 필요하다는 사람도, 경쟁사들과 동등한 기능이 필요하다거나 CEO에게 요청(이라고 쓰고 지시라고 읽는다)받은 경우도 있다. 더 끔찍한 대답이 나올 때도 있다. "대형 컨설팅 회사에서 뭘 해야 할지 자문을 받았어요."

컨설팅에 수백만 달러의 비용이 들지만 그렇게 자문받은 내용이 정답이라는 보장은 없다. 실질적인 근거를 취합하지 않고 이런 실행 계획에 자신을 가둬버리면 고객들이 찾지 않는 쓸모 없는 기능을 개발하게 된다.

'전략'의 사전적 정의는 '중요한 목표나 전체적인 목표 달성을 위해 구상한 행동이나 정책 방안'이다. 어떤 사업 분야에나 '훌륭한 전략'을 뜻한다고 볼 수 있는 정의다. 많은 기업이 수 개월씩 시간을 들여 완수해야 할 과제, 행동에 들어갈 비용, 그로 인해 창출될 수익을 종합적으로 상세히 정리한 내년도 '전략 계획'을 세운다. 이 활동은 보통 예산 집행으로 이어지고 팀들은 프로젝트 진행 자금을 확보하기 위해 경영 사례와 타임라인을 발표해야 한다.

전략을 계획이라고 생각하면 개발 함정에 빠지게 된다. 할 일 목록에 새 기능을 계속 적어넣지만 전체적으로 기업의 전후 상황을 고려하면 그 기능들이 적절한지 평가할 방법이 없다. 전략 활용 및 수립 부문에서 존경받는 리더인 스티븐 번게이Stephen Bungay는 다른 개념으로 전략을 바라본다. 그는 저서 『The Art of Action』(Nicholas Brealey, 2010)에서 이렇게 말했다.

> 전략은 효율성 강화를 위한 의사결정 체계다. 이 체계가 있으면 현재의 역량에서 벗어나지 않고 기존 전후 상황과 일관성 있게 정렬된 상태에서 원하는 성과를 이룰 조치를 취할 수 있다.

훌륭한 전략은 기능 개발 과정의 반복작업 차원을 초월해 더 높은 차원의 목표와 비전을 중심에 둔다. 훌륭한 전략은 조직을 오랫동안 지속시킨다. 데이터나 시장을 분석해 타당한 근거를 도출하지 않고 매월, 매년 전략을 바꾸는 것은 전략을 체계가 아닌 계획처럼 다룬다는 뜻이다.

11장

전략의 간극

스티븐 번게이는 여러 조직에서 전략을 연구하면서 전략을 계획처럼 다루는 기업은 기대한 바를 이루지 못하는 경우가 많다는 것을 알게 됐다. 결과, 계획, 행동 사이의 간극을 메우지 못한 것이 실패의 원인이었다. 이 간극은 결국 조직 내에서 마찰을 일으킨다.

- 지식 간극
- 정렬 간극
- 효과 간극

지식 간극

지식 간극(그림 11-1)은 경영진이 알고 싶어 하는 것과 기업이 실제로 아는 것 사이의 간극이다. 조직은 더 상세한 정보를 제공하고 요청해 이 간격을 메우려고 노력한다.

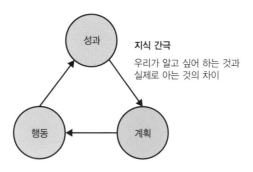

그림 11-1 『The Art of Action』에서 스티븐 번게이가 제시하는 지식 간극(Hodder & Stoughton의 허가를 받아 재인쇄)

이 그림을 보고 자기 이야기라고 생각할 경영자가 한두 명이 아닐 것이다. 내가 이 개념을 설명하자 자기 이야기라며 무릎을 친 CEO도 있었다. 이 문제는 여러 간극 중에서도 가장 알아보기 쉬운 간극일 것이다.

마케틀리 CTO에게서도 이 간극이 보였다. 그는 직원들이 원하는 일을 분명히 알고 싶은 마음에 아직 검증도 안된 프로덕트의 모든 세부 내용을 궁금해했다. 상급 경영진에게는 쏟아지는 정보가 항상 유용하다고 볼 수 없다. 경영자는 소통에 집중하고 의사결정에 필요한 만큼만의 정보를 요구해야 한다.

상급 경영자는 더 자세한 정보를 갈구하는 대신 **전략적 의도**나 사업 목표를 정의하고 전달하는 선까지만 정보를 탐색해야 한다. 전략적 의도는 회사가 나아가는 지점과 그 지점에 도달하려는 목적을 알려준다. 전략적 의도는 기업이 이루고 싶어하는 성과를 향해 팀들을 안내한다.

마케틀리에는 세부 계획을 짜는 시점에 파악해두지 못한 사항이 너무 많았다. 회원가입 과정의 특정 단계에서 사용자들이 계속 이탈하는 원인을 아직 파악하지 못했다. 그것은 올바른 해결 방안을 도출하기 전에 반드시 알아내야 할 핵심 문제였다. 다양한 실험을 해보면서 원인부터 파악해야만 문제 해결 방안을 제시할 수 있다.

프로덕트 매니저가 이렇게 말한다고 생각해보자. "이 기능을 개발하는 이유는 회원가입률을 높일 수 있기 때문입니다. 신규회원 유치는 회사 차원에서 우선 추구해야 할, 수익 창출을 위한 큰 목표입니다. 제가 개발 중인 프로덕트로 사람들을 끌어모을 거라고 확신합니다. 저희도 문제가 있는 줄은 알지만 그 문제가 무엇인지는 아직 확실하지 않습니다. 다음 단계는 그 문제의 정체를 파악하고 해결 방안을 구상하고 회원 수를 늘릴 최적의 방안을 모색하는 겁니다." 이것이 스토리텔링이다. 이렇게 말할 수 있는 프로덕트 매니저는 자신감을 가져야 한다. 안타깝게도 일반적인 상황은 그 반대다.

경영자는 직원들에게 여전히 더 상세한 정보를 요구할 것이다. 그런 행동은 직원들에 대한 신뢰 부족 때문인 것 같다. 보통 맞는 말이지만 부족한 것은 신뢰뿐만이 아니다. 경영자가 이런 식으로 움직이는 조직을 지켜본 결과, 문제는 여기서 끝나지 않았다. 조직이 제대로 정렬되어 있지 않고 팀의 목표가 회사 전체의 비전이나 전략과 궤를 함께 하지 않는 것이 다반사였다. 경영자가 직원들에게 점점 더 많은 정보를 요구하게 되는 진짜 원인은 바로 정렬 간극이다.

정렬 간극

그림 11-2의 정렬 간극은 직원들이 하는 일과 경영진이 사업목표 달성을 위해 직원들로부터 바라는 것의 차이를 뜻한다. 조직은 이 간극을 메우기 위해 점점 더 세세한 지시를 내리지만 정말 해야 할 일은 따로 있다. 그 상부조직이 원하는 목표를 사내 각 층위가 달성할 방안을 직접 정의하도록 하는 것이다.

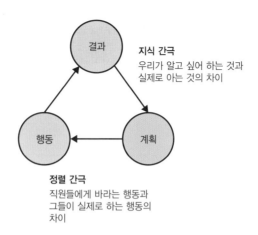

그림 11-2 『The Art of Action』에서 스티븐 번게이가 제시하는 지식 간극(Hodder & Stoughton의 허가를 받아 재인쇄)

나는 어느 회사 안을 돌아다니며 100여 개 팀의 모든 프로덕트 매니저에게 현재 맡은 프로젝트를 왜 진행하고 있는지 물어본 후 그 매니저들의 상사에게 같은 질문을 했다. 그렇게 두 가지 층위에서 서로 다른 대답이 나왔다. 책임급이 실무급에게 기대하는 성과나 목표는 제시하지 않고 특정 기능을 만들라는 요청만 했기 때문에 프로덕트 매니저들은 팀이 하는 활동을 회사에 필요한 성과와 연결해 생각할 수 없었다. 특정 기능을 개발해달라는 요청을 받은 경우, 그 내용을 변경하기는 거의 불가능하다. 회사가 그 기능을 요구했기 때문이다.

여러 기업에서 이런 상황을 목격하면서도 유독 보기 괴로운 예가 있다. 유명 대기업(B사라고 하자)에서 프로덕트 매니저 교육을 하다가 이런 말을 들은 적이 있다. 이 프로덕트 팀이 개발 중인 프로덕트는 이미 개발하기로 경영진과 약속이 되어 있어 효용성 검증작업을 전혀 할 수 없다는 것이었다. 도대체 어찌 된 걸까? 알고 보니 B사는 대형 컨설팅 회사에 5개년 프로덕트 로드맵 연구와 방향 설정을 의뢰했다. 이 컨설팅 회사는 시장연구와 경쟁사 분석을 통해 로드맵을 만들었고 그 로드맵이 프로덕트 팀에게까지 흘러갔다.

한편, 고객들과 대화 중이던 프로덕트 팀은 컨설턴트들이 제시한 방안이 고객들의 바람과 맞지 않다는 것을 알았지만 이 프로덕트들을 완성해야만 인사고과를 잘 받을 수 있었다. 고객이 원하는 것을 만들고 싶어도 그럴 수 없었다. 일자리를 지켜야 했기 때문이다. 그래서 틀린 줄 알면서도 개발을 계속했다. 그 해 말 B사는 목표를 전혀 달성하지 못했고 프로덕트 팀들은 로드맵에 충실했는데도 불이익을 받아야만 했다.

컨설턴트가 제안한 방안이 고객의 바람과 어긋난다는 것을 깨달았을 때 이 프로덕트 담당자들에게는 대안을 찾을 자유가 필요했다. 이것이 프로덕트 중심 조직의 방식이고 우리가 개발 함정에 빠지지 않는 길이다. 하지만 B사는 미리 정해진 회의와 형식적 의례에 충실하다 보니 직원들이 입을 다무는 개발 함정에 빠지고 말았다. 프로덕트 팀은 다양한 문제 해결 방안을 모색하고 데이터를 기반으로 다양한 조치를 취할 자유가 있어야 한다. 회사의 전략적 의도와 비전에서 벗어나지 않는 한, 경영진은 실무진에게 필요한 자율성을 기꺼이 내줄 수 있어야 한다.

상급 팀이 하급 팀에 지시를 내리는 것이 아니라 특정 프로덕트를 개발하는 '이유'를 모든 층위가 공통으로 이해하게 하고(정렬시키고) 그 프로덕트를 '어떻게' 개발할지 하급 팀이 직접 구상해서 보고하게 해야 한다. 그러면 프로덕트 매니지먼트가 성공적으로 이루어진다. 맨 위에서 경영진이 정렬되어 있지 않으면 이 문제가 실무진에게까지 흘러온다. 일하는 목적과 중심점이 조직 전체에서 부족해지고 연말이 되면 목표 달성치를 보면서 허탈한 미소를 지을 것이다. 지금까지 내가 본 바에 의하면 경영진이 정렬되어 있지 않은 것이 프로덕트 매니지먼트 성공의 최대 걸림돌이었다.

효과 간극

효과 간극(그림 11-3)은 우리가 특정 행동으로부터 기대하는 결과와 실제 결과의 차이다. 스스로 어떤 결과를 원하는지 모르는 조직은 통제를 강화해 이 간극을 메우려고 하는데, 그런 행동은 이 상황에서 최악의 조치다. 개인과 팀이 목표를 달성할 수 있도록 각자의 행동을 조정할 재량을 주는 것이 그들이 원하는 결과를 이루게 해주는 길이다.

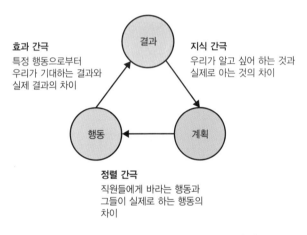

그림 11-3 『The Art of Action』에서 스티븐 번게이가 제시하는 지식 간극(Hodder & Stoughton의 허가를 받아 재인쇄)

이제 그릇된 판단에 따른 자동반사적 반응들이 쌓이기 시작한다. 경영진은 하나의 목표와 방향 선택 체계를 제시하며 팀들을 정렬시킨 후 한 발 물러나 그들이 목표에 도달할 방안을 직접 탐색하게 해야 한다. 하지만 보통 정반대 방향을 선택한다. 더 많이 캐묻고 경영진이 다음 해에 실현되길 바라는 일을 팀들에게 시킨다. 철두철미하게 구상을 마친 문제 해결 방안을 지시하는 것이다. 프로덕트 팀은 그 지시대로 따르는 것 외에는 선택의 여지가 없다. 결정된 내용을 심도 있게 알아보거나 프로젝트를 진행하면서 방향을 조정할 수도 없다.

이 다양한 간극을 메우고 고객들에게 훌륭한 프로덕트를 제공하려면 전략을 바라보는 관점을 바꾸고 번게이가 제안했듯이 행동을 가능하게 해 성과를 내야 한다. 그렇다면 행동이 가능해지는 방식으로 전략을 세워야 하는 이유는 무엇일까? 팀들이 자율적으로 행동할 수 있게 해야만 조직 규모를 키울 수 있기 때문이다.

자율적인 팀

마케틀리의 프로덕트 매니저들은 자율성이 없다는 사실에 불만이 상당했다. 숙련된 프로덕트 매니저 한 명이 "리더들은 항상 제 프로덕트에 대한 비전을 가지라고 말하지만 그럴 수가 없어요. 위에서 계속 해결 방안을 제시하거든요. 좀 다른 걸 시도할 때마다 저지당합니다. 애자일을 할 때는 스크럼 팀들이 자율적으로 움직여야 한다는 말을 들었어요. 이건 전혀 자율적이지 않죠."라고 내게 말했다.

하지만 마케틀리 리더의 말은 달랐다. "우리 프로덕트 매니저들은 도무지 앞장서서 프로덕트를 책임지질 않습니다. 그들이 주도적으로 움직여주지 않으니까 제가 지시를 내릴 수밖에 없죠."

이것은 개발 함정에 빠진 기업에서 흔히 볼 수 있는 대립적인 상황으로, 행동을 가능케 하는 바람직한 전략 틀이 없을 때 나타나는 증상이다. 명확한 방향이나 목표 아래 정렬되어 있지 않은 팀은 효과적인 의사결정을 내릴 수가 없다. 그래도 용기를 내 결정을 내려보려고 하면 리더가 나서서 말한다. "아닙니다. 틀렸어요."

자율성은 조직이 규모를 키우는 비결이다. 아니면 권위적인 중간관리자 수백, 수천 명을 고용해 팀원들에게 일을 시키는 방법이 있다. 직원이 수천, 수만 명으로 늘었을 때 이렇게 중간관리자를 두는 것은 엄청나게 비효율적이고 소모적이다. 불필요한 관리자 층이 추가되고 직원들의 불만도 커진다. 결국 직원들은 불행해지고 불행한 직원이 훌륭한 성과를 내는 경우는 드물다.

권력을 근거로 조직을 이끄는 것은 저숙련 노동자들을 밀착 감독해 생산량을 극대화하던 산업시대 방법론의 유물이다. 소프트웨어 시대를 사는 우리는 그런 식으로 일하지 않는다. 아주 똑똑한 사람들을 뽑아서 막대한 연봉을 준다. 고객이 좋아할 만한 복잡한 소프트웨어를 만들어 기업을 성장시킬 의사결정을 맡기기 위해서다. 그런 인재들을 데려와서 지식과 기술을 온전히 활용하려면 직원들에게 직접 의사결정을 할 여지를 주어야 한다.

전략 틀은 바로 이런 방식을 장려한다. 조직을 일관성 있게 정렬시키고 훌륭한 전략 틀을 세워놓으면 경영진이 지나친 관리감독을 하지 않고 직원들에게 의사결정을 맡길 수 있다.

12장

바람직한
전략 틀 만들기

마케틀리로 돌아와보자. 이곳 CEO는 프로덕트 팀의 모양새를 제법 잡아 놓은 상태였다. 그는 제니퍼라는 훌륭한 최고 프로덕트 책임자^{CPO}를 고용했다. 제니퍼는 개발자 교육 전문 온라인 학습기업에서 왔다. 그 기업은 플랫폼을 성공적으로 키우고 신규 상장해 높은 수익을 올렸다.

나는 제니퍼의 합류가 무척 반가웠다. 이전 회사에서 전략 수립을 주도하면서 쌓은 지식을 모두 마케틀리로 가져온 그는 입사 첫 주부터 내가 생각했던 문제들을 똑같이 지적하기 시작했다.

"회사에 있는 프로덕트 매니저를 전부 만나 현재 진행 중인 작업을 왜 하고 있는지 물어보았어요. 제대로 대답하는 사람이 없더군요." 그는 말했다. "목표도 방향도 없습니다. 고객들의 요청에 대응만 하는 거죠."

그는 이어서 말했다. "이번에는 다른 임원들에게 가 우리가 기업으로서 할 수 있는 가장 중요한 것을 물어보았습니다. 그런데 모두 대답이 달랐죠. 우리의 전략, 기업으로서 추구하는 방향이 정렬되어 있지 않다고 할 수 있었습니다."

그는 입사 일주일 만에 조직의 정곡을 찔렀다. 마케틀리는 수동적 태도에 발목이 잡혀 있었다. 고객의 요청이나 계약서를 기준으로 대형 프로젝트를 우선시할 뿐 프로덕트를 성장시킬 방안을 전략적으로 모색하지는 않았다.

다행히 마케틀리 임원진이 정렬의 필요성에 동의했기에 그들은 더 강력한 조직으로 거듭날 수 있었다. "우리는 시장을 주도하고 싶어요. 남들 꽁무니나 쫓는 것 말고요." CEO 크리스는 내게 말했다. 그는 원래 개발팀이 문제라고 생각했다. "개발팀은 빠르게 움직이지 않고 느려요." 목표와 핵심 결과(OKR)를 신봉하는 크리스는 회사 전체에 이 체계를 적용했지만 조직은 성과가 아닌 산출물 중심으로 돌아갔다. 목표는 이런 식으로 제시됐다. "다음 강사용 플랫폼의 첫 번째 버전을 출시하세요." 그리고 '2018년 6월까지 출시'가 핵심 성과로 간주됐다. 이런 성과는 사업 운영이나 사용자와 아무 관련이 없었다.

우리는 회사가 취하는 전략 과정의 현재 상태와 이 과정을 통해 목표를 달성하는 방법을 돌아보았다. 11월 기획회의에서 모두 앞으로 개발할 기능들을 정리해 프로덕트 매니저들에게 할당했다. 프로덕트 매니저들은 개발자들과 함께 기능 완성에 걸릴 시간을 산정했다. 그 예상치를 임원진에게 보고한 후 예산을 짜고 로드맵을 구성했다.

임원진 차원에서도 목표를 설정했다. 그들은 이 업계 시장 진출을 기준으로 투자자들에게 약속한 수익목표가 있었다. 사람들이 사이트를 계속 이용하는지 측정할 이용률 측정법도 있었다. 조직의 모든 부분이 뭔가를 측정하고 있었지만 지난 몇 년 간 그들은 목표 달성에 실패해왔다. 수익목표에 도달하지 못했고 팀들은 약속했던 기능의 일부를 출시하지 못했다. 도대체 무슨 일이 있었던 걸까?

마케틀리는 전략을 정확히 수립하고 배치하지 못했다. 제니퍼가 입사 첫 주에 파악한 모든 것이 그 징후였다. 임원들은 고객의 의견보다 자신의 판단을 기준으로 업무 우선순위를 정하고 있었다. 고객들의 요청이 전략적 목표에 부합하는지 가늠하지 않고 목소리가 가장 큰 고객의 말을 들어주고 있었다. 회사의 사기가 낮으니 직원들의 생산성도 낮았다.

그래서 변화를 단행하기로 하고 최신 프로덕트 매니지먼트 방법론에 부합하는 전략을 세워 적용하기로 했다.

훌륭한 기업 전략은 두 가지로 구성된다. 운영 체계, 즉 회사에서 일상 업무를 진행하는 방식과 전략 틀, 즉 회사가 시장에서 프로덕트와 서비스를 개발해 비전을 실현하는 방식이다. 이 두 가지 개념을 혼동해 똑같은 체계처럼 다루는 기업이 많다. 두 체계 모두 중요하지만 훌륭한 프로덕트와 서비스를 개발하려면 전략 틀을 제대로 구성해야 한다. 프로덕트 매니지먼트에도 직접적인 영향을 미치는 이 체계를 13장에서 알아보자.

전략 틀이 있으면 프로덕트 팀이 기업의 전략, 비전과 정렬되는 프로덕트를 개발하게 해준다. 전략 틀에 부합하는 탄탄한 기업 비전과 프로덕트 비전이 있으면 기획과 실행의 늪에서 허우적대지 않아도 된다. 매년 새 비전과 전략을 세우기에 여념이 없는 기업은 단기적 관점에서 너무 많은 고민을 하느라 미래 계획을 충분히 세우지 않는다.

이런 양상은 여러분에게도 익숙할지 모른다. 매년 반복되는 현상이다. 11월에 마케틀리는 똥마려운 강아지처럼 이리 뛰고 저리 뛰며 이듬해를 예측해 보려고 했다. 수익, 주주와의 약속, 예산을 모두 정한다. 간트 차트를 세세하게 그려가며 개발해야 할 기능들을 가득 나열하고 1월 1일이 되면 모두 일을 시작한다. 매년 그 일을 반복하다가 임의의 마감일인 12월 31일이 되면 일제히 멈추고 다음 전략으로 갈아탄다. 매년 이 과정을 거듭하다 보면 장기 프로젝트나 전략을 계획할 여지가 사라진다.

예산, 전략, 프로덕트 개발을 이 인위적인 연간 주기에 맞추면 집중과 마무리 수준만 떨어진다. 기업은 현재 위치를 지속적으로 가늠해서 무슨 조치를 취할지 판단하고 그에 따른 예산을 집행해야 한다.

우리가 수행하는 중요 업무 중 실제로 승부수에 가까운 것들을 생각해보자. 스포티파이 자문가였던 헨릭 크니버그Henrik Kniberg는 스포티파이의 사고방식을 이렇게 설명했다.[1] 스포티파이는 기업 운영에 DIBB을 이용하는데 이것은 데이터Data, 통찰Insights, 믿음Belief, 승부수Bet의 약자다. 앞에 나오는 데이터, 통찰, 믿음이 맨 마지막 승부수에 영향을 미친다. 계획을 승부수라고 생각하는 개념은 기존과 다른 유형의 기대를 이끌어낸다는 점에서 매우 중요하다.

스포티파이가 혁신을 이어가는 비결은 윗사람들의 관점에서 프로덕트 개발 지시를 내리지 않는 것이다. 경영진은 직원들에게 해커톤에 참여하고 각자의 아이디어를 적용해볼 자유를 준다. 새로운 것을 시도해보고 실패할 수 있는 안전한 환경을 조성해준다. 경영진은 고객이 무엇을 원하는지에 대한 불확실성을 받아들이려고 한다. 그렇게 함으로써 실험정신과 혁신을 고취시키고 필요할 때 궤도를 신속히 수정할 근무환경을 갖춘다.

조직 안에서 전략을 잘 전달하면 실무진과 경영진이 한 마음 한 뜻으로 움직이게 된다. 기업 전략은 프로덕트 개발 팀의 행동, 프로덕트 관련 업무 실행에 영향을 미치고 그 과정에서 도출되는 데이터는 기업이 나아갈 방향에 영향을 미친다. 조직 전반에서 그런 순환을 반복하고 그 안에서 정보를

---

1   헨릭 크니버그의 2016년 6월 애자일 스웨덴(Agile Sverige) 강연 '스포티파이 리듬(Spotify Rhythm)'
     http://bit.ly/2qhTPL9.

수직, 수평 방향으로 전달해 구성원들이 전략을 이해하고 한 방향으로 정렬되도록 해야 한다.

전략 배치

전략은 조직 전체에 들려주는, 상호 연결된 이야기들이다. 이 이야기들은 목표와 성과를 설명하며 구체적인 시간 프레임에 맞게 구성된다. 이런 의사를 소통하고 정렬하는 행위를 전략 배치라고 부른다.

PraxisFlow라는 컨설팅 회사를 설립한 제이브 블룸^{Jabe Bloom}은 거대 조직의 경영진과 함께 전략을 세우고 배치하는 일을 한다. 그는 우리가 전략의 다양한 단계를 다양한 시간 간격으로 들려주는 이야기들로 생각해야 할 이유를 설명한다.

> 조직의 단계마다 다른 시간 간격을 기준 삼아 우리가 무슨 일을 왜 하고 있는지에 대한 이야기를 전한다. 사람들이 그런 이야기를 듣고 행동하게 만들려면 듣는 사람에게 낯설지 않은 시간 간격을 기준으로 삼아야 한다. 애자일 팀들은 2~4주 간격의 이야기에 매우 익숙하다. 그들은 매일 그런 시간 간격으로 일한다. 상급으로 올라가면 이야기하는 시간 간격이 길어진다. 경영진은 5개년 이야기를 잘하지만 실무진은 2~4주 단위의 사고에 익숙해서 향후 5년 이야기를 들어도 그에 맞게 움직일 수 없다. 너무 광활한 세계를 탐험해야 하기 때문이다.

전략 배치는 조직 전반에 걸쳐 적절한 수준의 목표와 목적을 설정하고 팀들이 행동에 나설 수 있는 활동 반경을 제한하는 역할을 하므로 경영진이 5개년 전략을 구상하는 동안 중간관리자는 그보다 작은 연도별, 분기별 전략을 생각한다. 그렇게 해서 팀들이 월 단위나 주 단위로 의사결정을 하기 위한 방향을 잡아준다.

충분한 제약을 받지 못하는 팀은 꼼짝달싹할 수 없는 상태에 놓이고 만다. 블룸은 이렇게 설명한다.

> 행동을 두려워하는 팀이 있다면 그것은 제약을 받지 않기 때문이다. 선택지가 너무 많아 결정을 내릴 수 없다는 기분이 드는 것이다. 팀에 적절한 제약을 주자. 알맞은 수준으로 방향을 제시받은 팀은 안심하고 의사결정을 할 수 있다. 자신들의 이야기가 조직의 목표, 구조와 정렬되어 있다는 것을 확인할 수 있기 때문이다.

알맞은 수준의 방향이 제시되어 있지 않은 조직에는 개발 함정이 기다리고 있다. 실무진에게 너무 지엽적이거나 광범위한 지시가 내려진다. 경영진이 업무에 너무 깊이 파고들어 자율권을 주지 않고 권력을 내세워 팀들을 관리하거나 블룸이 말했듯이 실무진에게 너무 큰 자유를 주는 것도 그들의 운신 폭을 좁히는 길이다. 그래서 프로덕트 개발 관점에서 전략 배치가 중요하다.

조직 전반의 전략 배치에는 여러 예가 있다. OKR은 구글이 사용하는 전략 배치 유형이다. 도요타는 호신 칸리라는 전략 배치 방법을 사용했다. 군대도 임무를 부여할 때 전략 배치 방법을 사용한다. 이 모든 방법론의 전제는 같다. 조직의 각 단계의 방향을 설정해 그들이 행동할 수 있게 만들어주는 것이다. 알맞은 체계를 선택하는 것도 중요하지만 훌륭한 전략 틀을 만드는 데 무엇이 필요한지 아는 것이 더 중요하다.

프로덕트 조직 대부분의 전략 배치는 크게 4단계로 구성되어야 한다 (그림 12-1 참조).

- 비전
- 전략적 의도

- 프로덕트 계획
- 옵션

전략 배치		
비전	5~10년 후 우리는 어떤 모습이길 바라는가? 고객에게 제공하는 가치, 시장에서의 위치, 우리 사업의 모습	CEO 및 고위 임원진이 사업 주도
전략적 의도	우리가 비전을 달성하는 과정에 어떤 사업적 어려움이 도사리고 있는가?	고위 임원진이 사업 주도
프로덕트 계획	프로덕트 관점에서 그 어려움을 타파하기 위해 우리는 어떤 문제를 살펴볼 수 있을까?	프로덕트 부문 임원진
옵션	우리가 목표 달성을 위해 그 문제를 해결할 방식은 무엇인가?	프로덕트 개발 팀

그림 12-1 전략 배치 단계

첫 번째와 두 번째 단계가 회사 차원에서 이루어진다면 세 번째와 네 번째는 회사의 특정 프로덕트나 서비스를 중심으로 하지만 전략 배치와 전략 수립은 서로 다른 활동이다. 이 두 가지를 각각 정의하고 프로덕트 라인과 팀들이 그 정의를 똑같이 이해하도록 정렬시키고 상위조직과 하위조직이 납득하도록 소통하려면 일이 굉장히 많아진다.

전략 수립

전략 수립은 회사가 행동하는 방향성을 파악하고 의사결정의 틀이 되는 체계를 개발하는 과정이다. 회사의 각 층위에 맞추어 수립한 전략을 조직 전체에 배치한다.

아직 전략을 세우지 않은 기업이라면 이것은 하루나 일주일 만에 해낼 수 있는 일이 아니라는 것을 강조하고 싶다. 그렇게 벼락치기로 전략을 세우려다가 실패하는 기업들이 있다. 전략을 세워 유지하려면 시간을 들여 집중해야 한다. 문제를 파악하고 문제 해결 활동을 중심으로 전략의 모든 단계에 체계를 세워야 한다. 최고 책임자라면 이 일을 제대로 하는 것을 최우선 순위로 생각하자. 그러지 않으면 수백, 수천 명의 직원을 실패로 몰아넣을지도 모른다.

전략에서 중요한 것은 조직을 현재 위치에서 비전에 도달하게 만드는 방법이다. 전략을 세우려면 먼저 비전이나 도달하고 싶은 지점을 반드시 이해해야 한다. 그런 후에야 그 지점으로 향하는 길에서 만날 문제나 걸림돌을 파악하고 그것을 뛰어넘을 방법을 실험할 수 있다. 비전에 도달할 때까지이 과정을 반복한다.

도요타는 이런 방식을 기반으로 지속적인 개선체계를 실천했다. 그들이 전략 결정에 활용한 체계를 개선 카타[Improvement Kata2]라고 부른다. 카타는 목표 달성을 위해 문제를 전략적으로 타개할 방법을 직원들에게 가르쳐준다. 마이크 로더[Mike Rother]는 저서 『Toyota Kata』(McGraw-Hill Education, 2009)에서 그 과정을 설명했다. 그 중 일부를 그림 12-2에서 살펴보자.

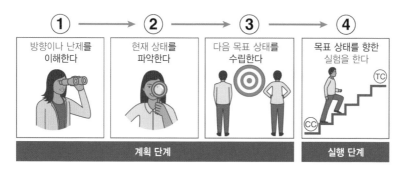

그림 12-2 마이크 로더의 저서 『Toyota Kata』에 소개된 '개선 카타의 4단계'(저자 마이크 로더에게 재인쇄를 허가 받음)

---

2   '카타'는 型(모형 형)의 일본식 발음이다 - 옮긴이

4단계에서 계획-실행-점검-행동 주기를 이행하는 동안 팀들은 목표 상태에 도달하기 위해 넘어야 할 걸림돌과 다음 목표를 체계적으로 파악하고 극복 방법을 계획하고 계획이 효과적인지 실험을 통해 확인한다. 그 다음 지난 과정을 되돌아보고(점검) 다음 단계에서는 점검 결과에 맞추어 행동한다.

프로덕트 개발에도 같은 접근 방식을 취할 수 있지만 각자 상황에 맞는 조정이 필요하다. 나는 이것을 프로덕트 카타라고 부른다. 그림 12-3에서 프로덕트 카타를 알아보자.

프로덕트 카타

멜리사 페리가 만든, 더 나은 프로덕트를 만드는 과학적, 시스템적 방법

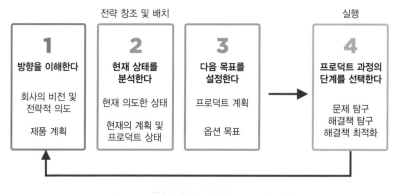

그림 12-3 멜리사 페리가 제시하는 프로덕트 카타

방향을 이해하려면 출발하는 단계에 따라 비전, 전략적 의도, 프로덕트 계획 등을 살펴보아야 한다. '현재 상태'는 조직의 비전에 비추어볼 때 현재 위치한 지점을 나타낸다. 여기에는 현재의 성과 측정을 포함한 성과의 현재 상태도 반영되어 있다.

옵션 목표는 팀들이 다음 단계에서 이루어야 할 목표다. 계획이나 의도를 향해 전진하려면 이 결과를 달성해야 한다. 그런 다음 체계적인 문제 타개를 중심으로 실험하기 위한 프로덕트 과정을 수행한다. 프로덕트 매니지먼트 과정은 4부에서 다룬다.

이렇게 문제를 탐색하고 파악하는 행위를 통해 전략과 비전 수립에 참고할 데이터를 발견한다. 비전은 경영진이 자기들끼리 세워 하위단계로 내려보내는 것이 아니다. 조직 전체가 목표 달성에 필요한 요건을 배우면서 정보를 공유하고 보탬이 되어야 한다. 블룸은 이 정보를 '물리학'이라고 불렀다.

> 내가 경영진으로부터 듣는 가장 큰 쟁점 중 하나는 의사결정에 필요한 데이터의 부족이다. 사람들은 경영진에게 비전을 만들어달라고 하지만 정작 경영진은 비전 실현을 위한 전략적 의사결정에 참고할 정보를 지속적으로 접하지 못한다. 팀들은 분석, 테스트, 학습을 거쳐서 자신이 발견한 내용을 동료와 경영진에게 소개한다. 이것이 전략을 세우는 방식이다.

데이터와 방향을 조직 안에서 수직, 수평 방향으로 전달하는 과정을 통해 우리는 정렬 상태를 유지한다. 하지만 그 시작은 회사 차원에서 이루어져야 한다.

13장

회사 차원의 비전과 전략적 의도

기업 비전

기업 비전은 전략 구조의 핵심이다. 방향을 설정하고 그에 따른 모든 것에 의미를 부여하는 것이 비전이다. 탄탄한 기업 비전이 있으면 그것을 중심으로 프로덕트를 생각할 수 있다.

아마존은 프로덕트를 잘 뒷받침하는 훌륭한 비전과 전략이 있는 기업의 예다. 아마존 웹사이트에 들어가면 '지구에서 가장 고객중심적인 기업, 고객이 온라인에서 구매하고 싶어하는 모든 것을 찾을 수 있고 고객에게 최저가를 제공하기 위해 노력하는 기업'이라는 기업 비전이 소개되어 있다.

아마존은 프라임Prime 비디오 서비스부터 펄필먼트 투 아마존Fulfillment to Amazon까지 다양한 제품 라인으로 구성되어 있다. 각 프로덕트는 쇼핑객의 경험을 더 풍성하게 만들어 아마존의 전체적인 비전 달성에 기여한다. 이 프로덕트를 검수, 개발, 개선하는 사람들은 전체적인 비전에 주목함으로써 원하는 지향점을 효과적으로 결정할 수 있다.

로쿠처럼 단일 제품을 생산하는 기업이라면 이렇게 하기 쉽다. 프로덕트 비전이 회사 비전과 같거나 매우 비슷하기 때문이다. 하지만 뱅크 오브 아메리카처럼 거대 기업이라면 일이 복잡해진다. 전략이 회사 차원에서 출발해 사업 부문으로 이동하고 궁극적으로 프로덕트에 다다른다. 이런 기업에서 프로덕트는 기업 비전을 분명히 하기 위한 세부적인 요소에 불과하다. 프로덕트는 가치를 위한 매개체다. 기업이 고객에게 이 매개체를 판매해 특정 형식의 가치를 돌려받는 것이다. 이때 기업 비전은 여러분이 제공하는 모든 프로덕트와 서비스에 의미를 부여하는 포장지다.

이쯤에서 생각해보자. 회사의 미션과 비전은 어떻게 다를까? 훌륭한 미션은 기업의 존재 이유인 반면, 비전은 그 목적에 기반해 기업이 나아가는 방향을 제시한다. 내 경험상 기업이 할 수 있는 최선은 미션과 비전이 결합된 선언문을 작성해 기업이 제안하는 가치를 제공하는 것이다. 기업이 하는 일, 하는 이유, 그것을 통해 원하는 것을 얻는 방법을 보여주어야 한다. 흥미로운 비전 선언문의 몇 가지 예를 소개한다.

> 혁명적인 가격대의 디자이너 아이웨어를 제안하고 사회적 의식을 가진 사업을 위한 길을 이끈다.
>
> – 와비 파커

> 뱅크 오브 아메리카는 고객과 지역사회에게 그들이 성공적이어야 하는 자원을 연결해 더 나은 금융생활을 만들어준다는 공통 목표를 추구한다.
>
> – 뱅크 오브 아메리카

> 최고의 글로벌 엔터테인먼트 배급 서비스가 되고 세계 각국에 오락물 판권을 판매하고 영화 제작자들이 접근할 수 있는 시장을 만들고 다양한 국가의 콘텐츠 창작자들이 전 세계 시청자를 찾도록 도와준다.
>
> – 넷플릭스

이 비전 선언문들은 모두 기업에 중점을 두고 있다. 짧고 기억하기 쉽고 명료하게 표현되어 있다. 뜬구름 잡는 전문용어는 없었다.

'온라인 사진 보관 시장의 리더가 된다'라는 식으로 비전 선언문을 만드는 기업들이 많다. 이런 목표를 추구하는 것도 좋지만 직원들은 이 선언문을 어떻게, 왜 실현해야 하는지 이해하지 못한다. 너무 광범위하다. 여기서 '어떻게'를 너무 강조하고 싶지는 않지만 기업 선언문은 집중하고 싶은 지점을 제시해야 한다.

넷플릭스를 보자. 그들은 최고의 글로벌 엔터테인먼트 배급 서비스를 원한다고 말하면서 실행 방안에 초점을 맞추었다. 전 세계 콘텐츠 판권을 판매하고 접근할 수 있는 시장을 만들고 콘텐츠 창작자들을 도와준다는 것이다. 업계 최고나 시장주도 기업이 되길 바라는 것도 좋지만 그렇게 되기 위한 방법도 제시해야 한다.

지금까지 비전이 명확하지 않았다면 비전 선언문 이상의 뭔가를 제시해야 한다. 기업 리더는 비전을 소통하고 자신의 선택을 설명하고 앞날의 모습을 그리는 데 시간을 써야 한다. 이 모든 것을 구구절절 입증해야 한다는 뜻은 아니다. 반드시 이야기를 들려주어야 한다는 말이다. 그 이야기를 할 때 비전을 간단히 서술해 모두에게 상기시켜 주면 된다.

마케틀리로 돌아가보자. 이 회사에는 설득력 있고 명료한 비전이 이미 있었다. 그 비전은 '우리는 단기간에 학습효과가 극대화되는 흥미로운 방식으로 디지털마케팅 종사자들을 성장시킬 양질의 교육을 다양한 주제로 제공한다'였다.

비전은 회사의 존재 이유, 목적 달성을 위해 하는 일을 설명한다. 마케틀리 경영진은 직원들이 단단한 기반으로 삼을 비전 선언문을 훌륭하게 만들어냈다. 이 비전은 명료하지만 회사 운영과 연결하기는 어렵다. 이쯤에서 기업 리더들은 전략적 의도를 명시해야 한다. 몇 안 되는 간결한 성과중심 목표가 있어야 기업이 비전 달성 방안에 계속 집중한다.

전략적 의도

비전은 오랫동안 변함없이 유지되어야 하지만 그 비전을 달성할 방안은 기업이 성숙해지고 발전하면서 달라진다. 전략적 의도는 기업이 현재 비전을 실현하기 위해 집중하는 영역을 알려준다. 전략적 의도 달성에는 보통 1년에서 수 년이 걸린다.

전략적 의도는 항상 사업의 현재 상태를 기준으로 한다. 이런 의도를 정할 때 임원들은 이런 질문을 해야 한다. '현재 위치를 기준으로 우리가 비전에 도달하기 위해 할 수 있는 가장 중요한 것은 무엇인가?' 이때 희망사항이나 목표를 줄줄이 나열하면 안 된다. 회사가 대도약하기 위해 발생해야 할 사건만 몇 가지 정리하면 된다. 전략적 의도를 작게 유지해야 모두 집중할 수 있다.

마케틀리도 다른 많은 기업처럼 이 지점에서 발버둥쳤다. 매년 이듬해에 할 일을 구상하는 연간계획 주기를 가졌다. 부사장급 이상만 참석하는 임원들의 자리였다. 여기서 제품 기능 목록을 만든다. 예를 들어 작년에는 이 회의를 통해 다른 사용자들과 수업을 공유하는 기능, 추천 코드, 새로운 퀴즈 수행 방식, 사이트 전체 순위표 기능을 만들기로 결정했다. 보통 경영진이 아이디어를 구상해 개발 담당 실무진에게 내려보낸다.

이렇게 나온 아이디어가 무조건 나쁘다고 할 수는 없지만 임원이라면 이보다 높은 차원의 고민을 해야 한다. 이런 방안들은 실무진에게 맡겨두고 경영진은 전략적 의도 설정에 더 집중해야 했다. 그랬다면 프로딕트 개발 수준에서의 의사결정이 사업운영 기준에 맞게 이루어지고 기업이 한 방향으로 더 확고히 움직였겠지만 마케틀리는 한 방향으로 똘똘 뭉쳐 돌진하는 대신 여러 업무영역에 얇고 고르게 자원을 배분했다.

나는 마케틀리 리더들과 전략 논의시간을 가졌다. 그들이 진정으로 나아가려는 방향을 조율하기 위해서였다. 전략적 의도 설정 방법을 이해하기 위해 먼저 사업 가치의 실제 의미를 이해해야 했다. 비즈니스와 프로덕트 자문가이자 지연비용 전문가인 조슈아 아놀드[Joshua Arnold]는 사업 가치[1]를 생각할 때 그림 13-1과 같은 탁월한 모형을 이용한다.

수익 증대	신규 고객이나 기존 고객을 통한 매출 증대. 시장점유율과 규모를 늘리기 위한 기쁨이나 파격 선사
수익 보호	현재의 시장점유율과 수익 수치 유지를 위한 개선과 혁신 확대
비용 절감	현재 발생 중이고 절감할 수 있는 비용. 이윤이나 기여 방식의 효율성 강화 및 개선
비용 방지	현재의 비용 기반 유지를 위한 개선. 아직 발생하지는 않았지만 향후 발생 가능한 비용

그림 13-1 조슈아 아놀드의 가치 사고 틀(조슈아 아놀드의 허가를 받아 재인쇄 ⓒ 2002)

전략적 의도를 기획하는 조직은 조직의 각 부분이 이 목표에 기여하는 방법을 생각해야 한다. 성장 중인 기업에게는 수익 증대가 가장 중요한 요소겠지만 더 큰 기업이라면 회사 전반의 영역별 계획을 평가하고 있어야 한다.

---

1 http://bit.ly/2OONGoC

마케틀리는 수익 증대에 집중했다. 그들의 전략적 의도도 대부분 수익 증대 위주였다. 신규 상장을 하려면 현재 5천만 달러인 수익을 몇 년 안에 1억 5천만 달러로 빨리 끌어올려야 했기 때문이다. 투자자들은 그런 수익을 원했다. 그들은 회사가 현재 무엇을 하고 있고 수익 성장 영역에 조직 역량을 집중시키면 얼마나 발전할지도 분석했다.

회사에 필요한 수치가 나오도록 수익을 높이려면 현재 수익에서 비중이 작은 상급시장을 확장하고 더 큰 기업(산업)을 상대해야 했다. 마케틀리의 프로덕트를 이용하는 몇 안되는 기업들이 이미 매년 계약을 갱신한다는 점을 감안할 때, 이렇게 하면 라이선스를 대량 판매하고 수익을 늘리며 잔류율을 크게 높일 수 있었다. 수익 목표를 달성하려면 개인사용자들에게서 나오는 수익도 높여야 했다. 당시에는 가입률이 별로 좋지 않았다. 경영진은 표 13-1의 설명처럼 이 두 가지를 회사의 전략적 의도로 설정하고 그것을 중심으로 적절한 수익 목표도 설정했다.

표 13-1 마케틀리의 전략적 의도

의도	목표
기업 비즈니스로의 확장	현재 연 5백만 달러인 수익을 3년 안에 6천만 달러로 증대
개인사용자를 통한 수익 2배 성장	개인사용자를 통한 수익 성장을 전년 대비 15%에서 30%로 증대

전략적 의도의 수준과 수치를 적절히 맞추는 것이 매우 중요하다. 이전에도 마케틀리가 깨달은 사실이지만 높은 수준의 목표가 너무 많으면 자원이 집중되지 않는다. 나는 직원 5천 명에 전략적 의도가 80가지나 되는 회사도 본 적이 있다. 그들은 직원이 5천 명인데 분기당 기능을 하나밖에 출시하지 못했다. 모두 극도로 산만한 상태에서 너무 다양한 업무를 소화하는 것이 문제였다. 보통 전략적 의도는 소기업에는 1가지, 대기업에는 3가지 정

도면 충분하다. 그렇다. 3가지. 직원이 수천 명인 조직에게는 목표가 너무 작아보이겠지만 그것이 핵심이다. 전략적 의도의 수준과 기간도 중요하다.

전략적 의도는 비즈니스에 초점을 맞춘 높은 수준이어야 한다. 새 시장에 진입하고 새 수익 흐름을 창출하고 특정 영역에 확실히 몰두하는 데 방점을 찍어야 한다. 넷플릭스의 예를 다시 생각해보자. 넷플릭스의 전략적 의도는 명료했다. '스트리밍 시장을 주도하라.' 인터넷 접속기기 활용부터 사용자용 콘텐츠 제작 증대까지 모든 의사결정이 이 목표 달성에 기여했다. 목표가 실현되면 현재 위치의 유지를 위해 방향을 바꾸었다. 자체 콘텐츠 제작이라는 또 다른 전략적 의도를 설정한 것이다. 이런 목표들은 소소하지 않다. 프로덕트 개발, 마케팅, 콘텐츠 제작을 수행하려면 거대한 군단이 필요하다. 그것이 요점이다. 전략적 의도는 프로덕트 개발 방안에 국한되지 않는 전사적 개념이다.

마케틀리는 그림 13-2처럼 목표 달성을 위해 실현해야 할 가장 중요한 2가지 계획 중심으로 움직였다.

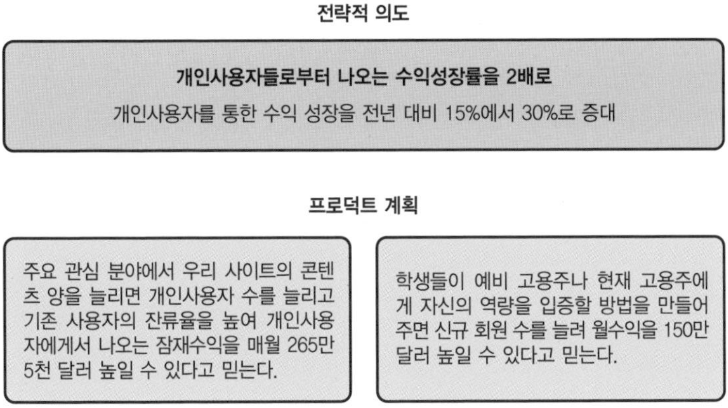

전략적 의도

개인사용자들로부터 나오는 수익성장률을 2배로
개인사용자를 통한 수익 성장을 전년 대비 15%에서 30%로 증대

프로덕트 계획

주요 관심 분야에서 우리 사이트의 콘텐츠 양을 늘리면 개인사용자 수를 늘리고 기존 사용자의 잔류율을 높여 개인사용자에게서 나오는 잠재수익을 매월 265만 5천 달러 높일 수 있다고 믿는다.

학생들이 예비 고용주나 현재 고용주에게 자신의 역량을 입증할 방법을 만들어주면 신규 회원 수를 늘려 월수익을 150만 달러 높일 수 있다고 믿는다.

그림 13-2 마케틀리의 전략적 의도와 프로덕트 계획

마케틀리는 2개월의 노력 끝에 전략적 의도를 설정했고 임원진이 격주로 그 추이를 점검하게 했다. 이제 문제는 회사 전체가 이 의도를 중심으로 똘똘 뭉쳐 끝장을 볼 방법이었다. 프로덕트 개발 관점에서 업무 우선순위를 정하는 방법도 생각해야 했다. 그것을 바탕으로 프로덕트 계획을 정하고 프로덕트의 비전과 방향을 통일시켰다.

14장

프로덕트 비전과
포트폴리오

프로덕트 계획은 사업 목표를 번역해 우리가 프로덕트를 통해 해결해야 할 문제를 밝혀내는 활동이다. 프로덕트 계획은 '어떻게'에 대한 대답이다. 우리 프로덕트를 어떻게 최적화하거나 어떤 새 프로덕트를 개발해야 사업 목표를 달성할 수 있을까?

넷플릭스를 생각해보자. 스트리밍이 제대로 인기를 얻으려면 사람들이 원할 때 언제든지 어떤 기기로나 넷플릭스를 볼 수 있게 해주는 것이 가장 중요했다. 생각해보자. 당시는 인터넷으로 내려받은 동영상은 노트북으로 볼 수밖에 없었다. 인터넷에 접속되는 다른 기기는 없었다. 하지만 작은 노트북 화면으로만 TV를 시청하고 싶은 사람은 없다. 다른 사람과 나란히 앉아볼 수도 없고 13인치 화면은 영 생생하지 않다.

넷플릭스는 이 문제를 해결할 프로덕트 계획을 세웠다. 이 문제를 사용자 스토리 형식으로 풀어내면 이렇다. '나는 넷플릭스를 구독하면 누구와 어디서든 편하게 영화를 보고 싶다.' 이것이 넷플릭스의 프로덕트 계획이다. 그런 다음 가능한 방안을 다양하게 모색한다. 로쿠 개발하기, 엑스박스와 협력하기, 전용 앱 만들기, 궁극적으로 인터넷에 접속되는 모든 기기에서 넷플릭스를 볼 수 있게 하기. 내가 '선택지'라고 부르는 이 모든 방안은 앞에서 말한 프로덕트 계획과 정렬되어 있다.

스포티파이에서 그랬듯이 선택지에서 하나를 고르는 것은 내기와 같다. 선택지는 실무진이 프로덕트 계획을 실행하기 위해 탐색할 수 있는 방안들이다. 이미 확실한 해결 방안이 있고 모범 실무나 기존 업무를 바탕으로 그 방안을 쉽게 이해할 수 있는 경우가 있는가 하면, 실험을 통해 해결 방안을 찾아내야 하는 경우도 있다.

프로덕트 계획은 프로덕트 팀이 선택지를 탐색할 방향을 정하는 활동이다. 사용자나 고객을 위해 우리가 해결해야 할 문제를 회사 목표와 연결짓는다. 프로덕트 매니저는 프로덕트 계획과 선택지를 기존 프로덕트나 포트폴리오의 비전과 정렬시키는 일을 담당한다. 사용자들이 겪는 문제를 해결하기 위해 새 프로덕트를 개발할 수도 있다. 프로덕트 비전과 포트폴리오 비전이 있어야만 우리가 탐색하고 싶은 문제와 해결 방안에 집중할 수 있다.

프로덕트 비전

지난 2년 동안 나는 프로덕트 비전을 중심점으로 만드는 데 어려움을 겪은 기업을 수도 없이 만났다. 지난 10년 동안 프로덕트를 개발하면서 더 이상 규모를 키울 수 없는 단계에 다다른 이 기업들에게는 공통적인 문제가 있었다. 프로덕트가 너무 많고 일관된 비전이 없다는 것이었다. 고객 개개인의 요청에 맞게 개발하는 일회성 프로덕트로는 더 넓은 고객층을 확보하지 못했고 신규 시장으로 이동하기 위한 프로덕트까지는 개발했지만 이 신제품들이 기존 제품과 충돌하지 않게 할 방안을 찾지 못한 기업도 있었다. 이런 기업 중 상당수는 말도 안되게 승승장구 중이었다. 연 10억 달러 규모의 매출을 올릴 정도였지만 사람이 너무 많고 방향성이 부족하고 전체를 아우를 접근 방식이 없어 계속 성장하지 못한 채 발목이 잡혀 있었다.

전략은 주로 기업이 정렬 상태를 유지하면서 집중력을 발휘하게 해주며 기업 내에 도사린 더 큰 문제를 일깨워주기도 한다. 그 큰 문제는 바로, 회사 전체를 아우를 프로덕트 비전의 부재다. 기능을 많이 갖추고 다양한 방식으로 가치를 전달하는 것도 좋지만 꼭대기에서 그 모든 가치를 하나로 묶어줄 뭔가가 필요하다.

프로덕트 비전은 우리가 제품을 개발하는 이유, 고객에게 전달하는 가치를 보여준다. 아마존은 모든 프로덕트 비전 관련 보도자료를 만들어 효과적으로 소통한다. 1~2페이지 분량의 짧은 안내문을 통해 사용자가 겪는 특정 문제를 아마존이 어떻게 해결해주는지 설명하는 것이다.

프로덕트 비전은 사용자를 위한 문제 해결 방안을 실험하는 데서 출발한다. 해결 방안을 검증한 후 그 프로덕트를 확장·유지·보수할 수 있는 방향으로 성장시킨다. 하지만 프로덕트 비전은 너무 구체적으로 작성하지 않는 것이 좋다. 세세한 기능을 모두 설명하기보다 사용자에게 도움이 되는 주요 역량에 중점을 두자. 너무 세세한 영역을 지시하듯 파고들면 프로덕트가 짓눌려 제대로 성장하지 못하고 나중에 여러분이 뭔가를 추가하기도 어렵다.

마케틀리는 자사 프로덕트에 대한 비전을 만들고 있었다. 이미 플랫폼을 이용 중인 수강생이 많았고 이제 형태를 잡아가던 중이었다. 방향성은 검증되었지만 지금까지 만들어온 프로덕트를 결속시킬 함축적인 문장이 필요했다. 제니퍼는 팀원들을 이끌어 그런 비전을 도출했다.

우리는 현재 마케팅 전문가들의 역량을 이해하고 다음 단계로 올라가는데 가장 필요한 수업을 쉽게 찾아내고 세계적 수준의 마케팅 분야 선생님들로부터 자신에게 필요한 기술을 가장 흥미롭고 소화하기 편한 방식으로 배우게 해주어 실력 향상을 도와준다.

이 간단한 문장에 사용자의 문제가 해결되도록 기업이 제공하는 역량이 담겨 있다. 기능을 세세히 설명하는 대신 사용자가 중시하는 특징에 초점을 맞춘다. 사용하기 쉽고 자신에게 필요한 주제이고 흥미롭다는 것이다. 이제 이 프로덕트가 어떻게 작동하는지 보여주는 그림을 그리기 시작한다. 필요한 것과 구성 요소도 함께 그려 넣는다. 평가 기능이 있고, 사용자에게 강의를 추천해주는 요소가 있고, 실제로 강의를 들은 수강생이 실력을 점검하는 기능이 있다. 이것은 회사가 팀들을 구성하고 업무 범위를 이해하도록 도와주는 훌륭한 출발점이다.

보통 프로덕트 부사장이 프로덕트 비전을 책임지지만 비전을 설정하는 사람이 따로 있을 수도 있다. 앞에서 말했듯이 프로덕트는 실험을 통해 개발되기에 주로 소규모 팀이 프로덕트의 외형을 결정한다. 그러다가 프로덕트가 웬만큼 탄탄해지면 그것을 성장시킬 팀을 꾸린다. 하지만 전 직원을 이 전사적 비전에 정렬시키는 것은 프로덕트 부사장의 몫이다.

프로덕트가 하나인 기업이라면 사용자가 겪는 주요 문제 중 그 기업이 우선시하는 것을 프로덕트 계획을 통해 설명한다. 그 문제들은 프로덕트 계획과 전략적 의도에 모두 정렬되어 있어야 한다. 프로덕트 부사장은 하위 프로덕트 매니저들과 협력해 프로덕트 계획과 전략적 의도를 모두 만족시키기 위해 해결해야 할 문제를 판단한다. 때로는 프로덕트 비전과 직접 관련이 없는 문제를 해결해야 할 때도 있다. 그럴 때 기업은 새 프로덕트를 도입하고 프로덕트 포트폴리오를 만들기로 결정할 수 있다.

프로덕트 포트폴리오

프로덕트가 하나 이상인 기업은 보통 '프로덕트 포트폴리오'를 만들어 프로덕트를 묶는다. 아주 큰 기업은 여러 개의 프로덕트 포트폴리오를 가지고 소비자에게 제공하는 가치 유형에 따라 정렬시킨다. 예를 들어, 어도비에는 어도비 크리에이티브 클라우드라는 포트폴리오가 있고 그 안에 포토샵, 일러스트레이터, 인디자인 등의 소프트웨어가 있다. 또 다른 포트폴리오에는 차세대 프로그램들이 있다. 고속 프로토타이핑 같은 최신 창작 소프트웨어들이 여기 속한다.

최고 프로덕트 책임자^{CPO, Chief Product Officer}는 프로덕트 포트폴리오의 방향을 정하고 감독할 책임을 진다. 프로덕트나 서비스가 장·단기적으로 기업의 비전 달성에 어떻게 기여할지에 대한 철학을 갖는 것이 핵심이다. 그 지점에 도달하기 위해 CPO는 다음 질문들에 답해야 한다.

- 우리 회사 프로덕트들은 고객에게 가치를 제공하는 데 어떤 식으로 체계를 이루어 작동하는가?
- 이 체계를 설득력 있게 만들어줄 각 프로덕트 라인의 고유 가치는 무엇인가?
- 새 프로덕트 솔루션을 결정할 때 고려해야 할 가치와 기준은 무엇인가?
- 이 비전과 맞지 않아 우리가 실행이나 개발을 중단해야 하는 것은 무엇인가?

프로덕트 계획의 출발점은 전략적 의도, 나아가 개별 프로덕트 비전 달성을 위해 프로덕트 포트폴리오 전반에서 수행해야 할 업무들이다. 이 지점에서 팀들이 수행하는 업무와 기업이 나아갈 방향이 조화를 이루도록 신경

써야 한다. CPO는 체계 내에서 이 업무영역들의 균형을 맞춰야 할 책임이 있다.

포트폴리오를 만들려면 전사적 성공을 위해 영역마다 투입해야 하는 비용, 인원, 역량의 균형을 맞추는 데 필요한 모든 것을 살펴보아야 한다. 이 방식을 취하면 혁신할 시간을 마련할 수 있다는 장점이 있다. 경영자들은 혁신할 시간이 부족하다고 항상 투덜거리는데 보통 역량 계획과 전략 설정을 제대로 못했기 때문이다.

혁신할 시간이 없는 것이 아니라 혁신할 '시간을 만들지 않고' 있는 것이다. 그 여유를 찾으려면 무언가를 거절할 줄도 알아야 한다. 우리는 일에 파묻혀 있고 당장 오늘 시간을 투자해 내일 결과를 볼 일거리는 수없이 많다. 혁신을 원한다면 혁신만을 위한 팀을 꾸리고 포트폴리오에 혁신이 일어날 여유 공간을 만들어주어야 한다.

아마존은 포트폴리오에 혁신을 불어넣는 선두주자다. 팀들을 비밀 연구소에 밀어넣고 회사의 사업확장 방안을 몇 년 동안이나 연구하게 한다. 아마존의 스마트 스피커 '에코'Echo가 그런 식으로 탄생했다. 그들은 음성 제어로 사람들이 더 많이 쇼핑하게 만드는 방법만 연구하는 팀을 꾸렸다. 프로덕트 팀들은 5년 동안 에코와 알렉사Alexa 음성 제어 시스템을 탐구하고[1] 정의하고 다듬어 출시해 대성공을 거두었다. 아마존은 이 신규 시장에 진입할 방법을 모색·연구하기 위해 프로덕트 계획 안에서 필요한 시간과 공간을 따로 마련했다.

---

1   〈비즈니스 인사이더〉 "아무도 예상하지 못한, 차세대 수십억 달러 규모 사업, 아마존의 에코 개발 속에 숨은 이야기(The inside story of how Amazon created Echo, the next billion-dollar business no one saw coming)", 김유진 https://read.bi/2Sk8OBa.

4부

프로덕트 매니지먼트 과정

역할
전략
절차
조직

최고의 문제 해결 방안은 사용자를 위해 해결해야 할 실제 문제와 연결되어 있다. 프로덕트 매니저는 어느 문제를 해결해야 사업을 발전시키고 전략을 이행할 수 있는지를 프로세스를 이용해 파악한다. 프로덕트 카타는 프로덕트 매니저가 바람직한 실험적 태도를 길러 문제 해결 방안이 아닌 문제 자체에 집중하게 해준다. 결론에 다다를 때까지 실험을 거듭한다.

"구매하기 전에 사람들이 미리 이용해볼 수 있는 무료 버전을 제공하면 될지도 몰라요.", "아뇨, 파격적인 할인을 제공해 사람들이 몇 달 동안 써보게 해야 해요.", "정말 중요한 건 우리 사이트 강사들의 수준이에요. 더 유명한 강사들을 모셔오면 학생이 늘 거예요."

우리는 개인사용자들에게서 나오는 수익을 늘릴 방안을 놓고 뜨거운 논쟁을 벌였다. 팀의 전략적 의도는 사용자들에게서 나오는 수익을 늘리는 것이었다. 각자 아이디어가 있었고 그 중에는 흥미로운 내용도 많았다. 아이디어마다 특정 문제에 맞는 해결 방안을 제시했다. 다만, 아직 문제가 무엇인지 몰랐다. 어디서 문제를 겪는지, 어떻게 해야 수익을 늘릴 수 있는지 더 알아보아야 했다.

"잠시만요!" 내가 끼어들었다. "모두 한발씩 물러나 우리가 알고 있는 것을 분류해봅시다. 우리 목표는 개인사용자들에게서 나오는 수익을 높이는 겁니다. 저는 프로덕트 지표를 기준으로 3가지 방법이 떠오르는데 어떻게 생각하세요?"

프로덕트 매니저 모니카가 맞장구치며 대답했다. "신규 사용자를 끌어들이면 수익이 늘 거예요."

"맞아요. 또 뭐가 있을까요? 2가지 방법이 더 있어요." 내가 말했다.

또 다른 프로덕트 매니저 크리스타가 망설이다가 입을 열었다. "기존 사용자들의 잔류율을 높이는 방법도 있죠. 현재 잔류율은 6개월 동안 40%를 웃도는 데 불과해요."

"정확해요. 회원을 잔류시키면 1인당 생애가치가 높아지죠. 하나 더 있어요."

"기존 사용자에게서 나오는 새 수익원을 창출하는 겁니다. 상향 판매할 만한 뭔가를 찾는 거죠." 학생 경험 부문 프로덕트 부사장 조가 말했다.

우리가 선택한 3가지 방안은 다음과 같다.

- 개인사용자를 유치한다.
- 기존 개인사용자 잔류율을 높인다.
- 기존 개인사용자에게서 나오는 새 수익원을 창출한다.

"이제 문제와 기회가 얽힌 지점을 알아내야 합니다." 내가 말했다. "회원 유치와 유지를 위해 우리가 보유한 데이터와 피드백을 살펴봅시다. 어떤 문제가 있는지 진단하기 위해서죠. 새 수익원을 창출할 만한 아이디어들을 말해봅시다."

팀원들은 데이터를 취합해 2가지로 분류했다. 한 팀은 회원 유치를 분석하면서 사용자가 사이트를 방문해 가입하는 시점까지의 모든 단계를 살펴본 후 사이트 방문 사용자가 유료회원으로 가입하는 비율인 전환율이 매우 낮다는 것을 알게 되었다.

"마케팅은 잘하고 있지만 이미 할인을 해주고 있는데도 사람들이 가입하지 않네요. 사용자가 망설이는 이유를 어떻게 알아낼 수 있을까요? 그들에 대한 정보가 전혀 없어요." 모니카가 말했다.

"콸라루Qualaroo라는 플랫폼을 들어보셨나요?" 선임 개발자 리치가 말했다.

"사람들이 어느 시점에서 뒤로 가기 버튼을 누르거나 페이지에서 나가는지 설문하는 서비스예요. 왜 가입하려다 말았는지 질문할 수 있는데 우리 사이트에도 10분 만에 간단히 설치할 수 있어요."

"그거 너무 좋네요. 한 번 해봅시다." 모니카가 말했다.

팀원들은 콸라루 위젯을 사이트에 설치했다. 일주일 만에 백 건도 넘는 답변이 들어왔다.

"이거 굉장하네요. 정말 많이 알게 됐어요. 무료체험 때문에 나갔다는 사람은 없었죠!" 모니카가 말했다. 설문 결과, 방문자의 55%는 소셜미디어 등 새로운 마케팅 수단을 가르쳐주는 수업이 불충분해 떠났다고 답했다. 다른 25%는 마케팅 분야로 진로를 바꾸기 위해 도움이 될 만한 수업을 찾고 있었지만 수업으로 실력이 얼마나 늘었는지 알 수가 없어 떠났다고 답했다.

"시작할 때 실력을 진단하지만 어떤 기술을 익혔는지 다시 평가해주지는 않습니다." 모니카가 말했다. 나머지 20%의 응답자는 다른 다양한 문제를 제기했지만 결정적인 사안은 없었다. "큰 문제는 2가지 같아요."

다른 팀은 회원 유지를 분석했다. "6개월 후 남은 회원은 40%에 불과했습니다. 최근 탈퇴한 사용자 100명에게 이유를 설문한 결과, 90%는 흥미로운 강의가 바닥났기 때문이라고 답했죠. 우리 수업을 10개 정도 들었지만 새로운 마케팅 방식에 대한 강의는 없고, 어디서든 배울 수 있고 유튜브에서 공짜로 볼 수 있는 내용들이었어요." 크리스타가 설명했다.

이제 같은 문제를 공유하는 2가지 부류의 사용자가 있다. 기존 사용자와 신규 사용자다. 사이트에서 원하는 수업을 찾을 수 없고 6개월 이상 머물 이유도 없었다.

"콘텐츠가 더 필요하다는 건 알지만 어떻게 만들죠?" 카렌이 물었다. "우리와 함께 하는 기존 강사들이 콘텐츠를 더 만들 수 있나요? 아니면 새 강사들을 끌어들여야 할까요? 우리 강사들이 콘텐츠를 얼마나 많이 만들고 있나요?" 카렌은 강사 사안을 걱정하면서 크리스타에게 조사를 부탁했다.

조사 결과, 강사들은 새 강의 제작에 어려움을 겪고 있었다. 대부분 수업을 하나밖에 만들지 않았지만 기존 강사의 절반 이상이 새 강의를 게시하고 싶어도 그러지 못했다. 2가지가 문제였다. 플랫폼 사용법이 어렵고 학생들이 수업을 원하는지 알 수가 없었다. "학생들이 소셜미디어에 관심 있는 줄 알았다면 강의를 만들었을 거예요." 한 강사가 말했다. 선택지와 프로덕트 계획 방안들이 나오기 시작했다. 팀원들은 그 방안들을 취합했다.

마케틀리 프로덕트 계획

계획 1

사람들의 관심이 큰 주제의 콘텐츠 수를 늘리면 개인 신규 회원 수가 늘고 기존 회원 잔류율이 높아져 결과적으로 개인사용자에게서 나오는 월수익이 265만 5천 달러 늘어날 것이다.

탐색해볼 선택지

- 강사들이 수업을 더 쉽고 빠르게 만들어주는 것
- 학생들의 관심이 큰 분야에 대한 강사들의 피드백 회로
- 관심이 큰 수업을 만들 수 있는 새 강사 영입

계획 2

학생들이 잠재 고용주나 현재 고용주에게 자신의 역량을 입증할 방법을 만들어줘서 회원 가입률을 높이고 월수익을 150만 달러 높인다.

탐색해볼 선택지

- 학생들이 꾸준히 시험을 치르고 실력을 증명하게 해줄 지속적인 평가제도
- 수료증과 기능 자격증

제니퍼는 이 아이디어들을 결재했다. 이제 팀원들은 분석을 마치고 이 목표들을 달성할 방법을 실험하기 시작했다.

이 섹션은 무슨 기능을 개발하는 것이 정답인지 알아내는 과정이다. 보통 '과정'이라고 하면, 만들려는 소프트웨어가 적절한지 여부보다 소프트웨어를 개발하는 행위 자체에 더 관심을 기울인다. 그것은 개발 함정이다. 개발 함정에서 빠져나오려면 문제 해결과 실험 기술을 이해하고 적용해야 한다. 마케틀리 팀은 그 과정에서 무엇에 집중해야 하는지를 알아냈다. 그것이 프로덕트 매니지먼트 과정이다. 그 시작은 프로덕트 카타다.

15장

프로덕트 카타

앞에서 설명했듯이 그림 15-1의 프로덕트 카타는 우리가 개발해야 할 솔루션을 알아내는 과정이며 프로덕트 매니저가 문제 해결 관점에서 프로덕트 개발에 접근하도록 가르쳐주는 체계적인 방식이다. 프로덕트 카타는 프로덕트 관련 업무 종사자들에게 매우 효과적인 습관을 길러준다. 무술을 익히듯 반복하다 보면 그 과정이 머릿속에 각인되고, 그렇게 연습을 반복하다 보면 자연스럽게 사고 패턴이 몸에 밸 것이다.

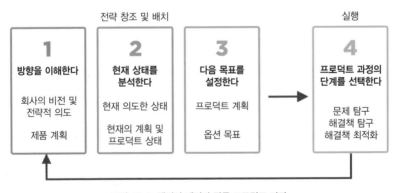

프로덕트 카타

멜리사 페리가 만든, 더 나은 프로덕트를 만드는 과학적, 시스템적 방법

그림 15-1 멜리사 페리가 만든 프로덕트 카타

이 단계를 하나씩 살펴보면서 프로덕트 계획과 선택지를 알아보자.

맨 먼저 프로덕트 계획에 착수한다. 그러려면 전략적 의도를 이해하고 그 의도의 현재 상태를 프로덕트가 기여할 수 있는 관점에서 평가해서, 전략적 의도를 발전시키기 위해 해결해야 할 문제를 판단해야 한다. 마케틀리가 콘텐츠 양을 늘리고 탄탄한 평가체계를 구축한다는 프로덕트 계획에 도달하기 위해 연구·분석한 것이 이 과정이었다.

프로덕트 계획에 도달하기 위한 선택지는 많을 수 있다. 마케틀리에서 콘텐츠 양을 늘리기 위해 구상한 선택지도 3가지였다. 그중 1~3가지 모두 계획을 성공으로 이끌어줄 수 있고 그래도 괜찮다. 프로덕트 계획 달성에 가까워지고 있는지 확인하기 위해 성공 지표를 더 짧은 시간 단위로 측정할 수 있도록 쪼개야 한다. 이것을 '팀 목표'라고 부르며 그렇게 선택지의 성공도를 측정한다. 프로덕트 계획 목표 달성에는 6개월 또는 그 이상이 걸릴 수도 있지만 팀 목표는 기능을 출시할 때마다 측정할 수 있고 현재 선택한 방안이 의도대로 흘러가고 있는지 보여줄 수 있어야 한다. 팀 목표를 설정하는 과정은 프로덕트 계획의 목표 설정 과정과 같다.

맥락이 중요하다

린 스타트업이 뜨면서 여러 소프트웨어 기업들 사이에 민감한 주제로 떠올랐다. 바로 실험에 뛰어들어 신명나게 A/B 테스트를 시작하거나 프로토타입을 만드는 팀을 쉽게 찾아볼 수 있다. 하지만 한발 물러나 현재 어느 위치에 와 있고 그 단계에서 다른 일에 뛰어들기 전에 무엇이 필요한지 아는 것이 중요하다. 이때 프로덕트 카타가 도움이 된다.

목표를 세웠다면 프로덕트 카타의 순서를 따라가자. 다음 질문들로 자문해본다.

1. 목표는 무엇인가?
2. 목표를 기준점에 둘 때 현재 우리 위치는 어디인가?
3. 나의 목표 달성을 가로막는 가장 큰 문제나 걸림돌은 무엇인가?
4. 그 문제를 어떻게 해결할 수 있는가?
5. 무슨 일이 생길 것으로 기대하는가(추측)?
6. 실제로 무슨 일이 생겼고 우리는 무엇을 배웠는가?

우리는 팀의 다음 행보를 계획할 방법을 찾기 위해 1~4번 질문을 한 후 5, 6번 질문으로 그 행보를 되돌아보고 다음 회차의 출발 지점으로 돌아갈지 여부를 결정한다. 이 질문들에 답하다 보면 문제 탐구, 해결 방안 탐구, 해결 방안 최적화 단계를 밟게 된다. 어느 단계를 선택하고 어느 도구를 도입할지는 현재 위치에 따라 달라진다.

각 단계를 모두 이해해야만 목표 달성에 필요한 만큼의 힘을 쓸 수 있다. 프로덕트 매니지먼트 분야에서 내가 목격한 큰 실수 중 하나는 잘못된 단계에서 특정 도구나 실무 방식을 적용하기 위해 서두르는 것이었다. 그러다 보면 아직 문제도 파악하지 못했거나 이미 좋은 해결 방안이 나왔는데도 불필요한 실험을 계속하기 쉽다.

특정 해결 방안을 중심으로 실험하려고 할 때 나는 자포스Zappos의 UX 책임자 출신인 브라이언 칼마Brian Kalma가 해준 말을 떠올린다. "가치 제안의 핵심이 아닌 문제에 대해 특별하고 혁신적인 해결 방안을 만드느라 너무 공들여 시간을 쓰지 마세요. 누군가 이미 그 문제를 해결했다면 모범 실무를 보고 배워 그 방안을 도입하고 데이터를 수집해 자신의 상황에서도 효과적일지 여부를 판단하세요. 그 과정을 반복하는 거죠. 가치 제안의 성패를 좌우할 핵심 요소를 위해 시간과 힘을 아껴야 합니다."

이 상황의 좋은 예는 온라인 쇼핑몰의 결제 페이지다. 다른 쇼핑몰 사이트에 들어가는 결제 서비스 제공 자체가 사업 아이템이 아닌 이상 여기에 모든 시간을 쏟아부으면 안 된다. 결제 기능 개발을 위해 이미 수많은 실험이 이루어졌고 우리도 그것을 이용하면 된다. 나도 온라인 쇼핑몰 기업에서 일할 때 결제 기능을 엄청나게 조사해봐서 잘 안다. 가능하면 기능을 이미 최적화해둔 사이트들에서 배우고 그들의 모범 실무를 도입하고 수정하자. 그럴 수 없다면 비슷한 영역을 탐구하거나 자신만의 길을 닦을 수도 있다.

해결하려는 문제에 가치 제안의 핵심이 담겨 있다면 한발 물러나자. 첫 번째로 나온 해결 방안을 급히 실행하지 않아도 된다. 경쟁사들과 차별화되도록 자신만의 맥락을 활용하자. 몇 가지 문제 해결 아이디어를 실험한 후 그중 하나에 집중한다.

프로덕트 매니지먼트에 이런 식으로 접근하면 모든 디자인과 개발 업무가 목표 달성에 기여하게 된다. 그렇다고 우리가 시도하는 모든 것이 실제 기능으로 출시되는 것은 아니다. 상당수가 중간에 사라질 것이다. 이 시점에서 여러분이 할 수 있는 최선은 나쁜 아이디어들을 박살내는 것이다! 기능은 적을수록 좋다. 그래야만 제품이 덜 복잡해진다. 그러지 않으면 고객을 피곤하게 만드는 기능들이 나온다. 명심하자. 중요한 것은 양이 아니라 질이다. 프로덕트 카타에 집중해 자신의 현재 단계와 가용도구들을 파악하는 활동은 프로덕트 매니지먼트를 성공으로 이끄는 열쇠다. 그 단계들을 통과하는 방법을 지금부터 차례대로 알아보자.

1. 방향 이해하기
2. 문제 탐구
3. 해결 방안 탐구
4. 해결 방안 최적화

16장

방향 이해하고
성공 지표 설정하기

마케틀리에서 나는 프로덕트 부사장인 카렌, 조와 협력해 프로덕트 계획을 수량화할 방안을 구상했다. 나는 제니퍼에게 "우리가 이미 가지고 있는 데이터로 돌아가봅시다. 현재 회원 잔류율과 신규 가입률이 어느 정도죠?"라고 물었다.

조는 팀원들이 프로덕트 계획을 분석하면서 수집한 데이터를 취합했다. "현재 사용자들의 6개월 후 잔류율은 40%예요. 훌륭하진 않죠."

"네, 썩 훌륭하진 않아요. 우리는 앞으로 신규 사용자 확보에 더 신경 쓸 계획이잖아요. 그래서 그들을 붙잡아두지 못하면 미래에 돈이 새어나갈 겁니다." 카렌이 말했다.

"좋아요. 그럼 그 수치는 알았으니 문제가 무엇인지 살펴봅시다. 사용자들이 더 다양한 수업을 원한다는 사실을 알게 됐습니다. 그런 사용자 비율이 얼마나 될까요?" 나는 그들에게 물었다.

"그게, 그 근사치를 계산하기 위해 사용할 수 있는 데이터가 두 지점에 있어요. 우리 사이트에서 콸라루를 약 한 달 동안 실행시켜 답변들을 확인한 결과, 더 다양한 수업을 원한다는 답변은 약 55%였습니다. 이제 그 수치에 대한 통계적 유의도도 확보했어요. 따라서 매달 우리가 잠재적으로 82,500명의 회원을 잃고 있다는 겁니다. 그들을 전부 붙잡아둘 수는 없더라도 이 문제를 해결해 얻게 되는 이점이 커요." 카렌이 말했다.

"그건 가능성의 일부일 뿐이죠. 잔류율도 한 번 봅시다." 내가 말했다.

"최근 탈퇴자들을 설문한 결과, 관심 있는 강의가 별로 없다는 대답이 90%였어요. 탈퇴율 기준으로 매달 18만 달러의 수익을 놓치고 있습니다. 잠재 가입률만큼은 아니더라도 문제가 있죠." 조가 어깨를 으쓱했다.

"100% 모두 잔류하진 않을 테고 비회원 100%가 가입하지 않을 거라는 건 알지만 데이터를 바탕으로 가입률과 수익 목표 설정을 시작할 수 있습니다. 현실적인 수치를 생각해봅시다. 현실적으로 이 수치에 우리가 어떻게 영향을 미칠 수 있을까요?"

"현재 40%인 잔류율을 70%로 높이면 매월 수익이 9만 달러 증가할 겁니다. 가입률을 2배로 늘리면 연간 700만 달러를 약간 웃도는 수익을 올릴 수 있습니다. 그러면 연간 총 800만 달러 이상의 수익이 나옵니다. 우리의 전략적 의도인 연간 수익 30% 증가에 매우 근접한 수치죠."

카렌은 최고 프로덕트 책임자인 제니퍼에게 보여줄 계획을 작성했다.

> 우리 사이트에서 주요 분야의 콘텐츠 양을 늘리면 가입률을 2배로 늘리고 기존 회원 잔류율을 70%로 높여 결과적으로 개인사용자에게서 나오는 연간 잠재수익을 800만 달러로 늘릴 수 있다고 믿습니다.

"마음에 드네요." 제니퍼가 말했다. "콘텐츠를 늘리는 것이 가치 있는 일이라는 것을 알 수 있죠. 그에 대한 반응은 확실합니다. 이 계획을 따르면 개인사용자에게서 나오는 수익 증대 목표를 절반가량 달성할 수 있습니다. 여기에 투자하고 싶네요. 지금까지 어떤 가설이 나왔나요?"

"2가지 방안이 있어요." 조가 대답했다. "첫째, 학생들이 요청한 분야에 특화된 전문강사를 새로 공략하는 거죠. 마케팅 팀의 도움을 받아 가능성 있는 강사들에게 접근하려고 하지만 적절한 콘텐츠 유형과 강사 이력을 연구하는 팀을 작게 꾸릴 생각입니다. 둘째, 현재 강사들이 새 강의를 더 만들지 못하는 원인을 분석 중인 팀이 있습니다. 자질 있는 강사가 많은데 강의를 하나씩밖에 만들지 않았어요. 프로덕트 매니저와 UX 디자이너들이 그것을 조사 중이고 팀들은 다음 출시 준비를 마무리 중입니다."

"훌륭해요! 이 방향성과 관련된 데이터가 더 나오면 알려주세요. 지금까지는 다 좋아보이네요." 제니퍼는 그렇게 말하면서 결재했다. 조와 카렌은 팀원들에게, 이 계획을 실행하면서 관련 선택지를 모두 분석해보아야 한다고 일러주었다. 방향이 더 확실해지면 제니퍼에게 소식을 알려줄 생각이었다.

카렌은 강사 경험 담당 프로덕트 매니저 크리스타에게 그 소식을 알려주면서 쟁점 분석을 부탁했다.

"목표 달성을 위한 프로덕트 카타를 진행하려고 합니다. 먼저 걸림돌이나 강사가 새 콘텐츠를 만들면서 겪는 문제를 알아내야 합니다. 일주일 후 다시 모여 무엇을 알아냈는지 함께 봅시다."

크리스타는 UX 디자이너와 선임 엔지니어에게 심층조사를 부탁했다. 먼저 기존 프로덕트 계획을 면밀히 살피면서 그 계획이 나온 배경을 디자이너와 엔지니어가 이해하도록 도와준 후 이미 파악된 내용을 설명했다.

"초기 조사 결과, 새로운 마케팅 도구를 배우고 싶어하는 수강생이 많았습니다. 소셜미디어 활용법과 사이트 트래픽을 높여주는 콘텐츠 제작 같은 거요. 그러니 콘텐츠 양을 늘리기만 할 게 아니라 전략적으로 접근해야 합니다. 몇 달 동안 강사들이 이메일로 보내온 문의 내용을 살펴보니 정보를 더 빨리 올릴 방법을 물어보는 사람들이 많았습니다. 그러고 보니 업로드 과정이 복잡하더군요. 이 문제가 얼마나 광범위하게 퍼져 있는지 파악해 정량화해볼 생각인데요. 이 문제를 몇 명이나 겪고 있는지 어떻게 알 수 있을까요?"

"글상자 형태로 간단한 주관식 설문을 만들어 강사들에게 두 번째 수업을 게시하지 못한 이유를 물어볼 수 있습니다." UX 디자이너 맷이 말했다.

"사람들이 강의를 제작하기 시작해 완성까지 걸린 시간을 추출해볼 수 있어요. 그것을 중심으로 이벤트 타이밍이 이루어져 있죠." 선임 개발자 리치가 말했다.

"좋아요! 일주일 동안 최대한 조사해보고 데이터를 취합해 더 심도 있게 알아볼 만한 것을 살펴보죠."

팀원들은 조사에 돌입했다. 일주일 후 다시 모여 조사 결과를 살펴보았고 나도 합류해 내용을 검토했다.

"안 좋아요. 사용자 경험이 얼마나 엉성하게 설계되었는지 미처 몰랐어요. 강사들 불만이 컸습니다. 콘텐츠를 대부분 개발한 상태에서도 강의 하나를 제작하는 데 평균 1개월이 걸렸습니다. 음성 강의, 외부 콘텐츠 가져오기, 다른 글 링크 걸기 등 강사들이 좋아할 만한 기능도 많이 놓치고 있습니다. 게다가 버그도 너무 많아요. 사용자 경험 향상을 위해 할 수 있는 게 많습니다. 강사들도 강의를 더 제작하고 싶어해요." 맷이 말했다.

"데이터베이스와 이벤트 기록에서도 비슷한 정보가 나왔습니다. 강사가 강의를 만들기 시작해 게시할 때까지 평균 61일이 걸립니다. 강의를 만들기 시작한 강사의 75% 이상이 중도에 포기했어요. 크리스가 찾아낸 문제들이 그 원인일 수 있다고 생각합니다." 리치가 말했다.

"흠, 좋은 정보네요. 이제 이 사용자 경험을 개선하면 어떤 결과가 도출되어 강의 게시량 증가로 이어질지 생각해봅시다. 선행 지표를 파악하셔야 합니다." 내가 말했다.

"이 사용자 경험에 몇 군데 개선할 부분이 있습니다. 강사들의 강의 게시율을 높이고 두 번째 강의 게시 수를 늘릴 수 있어요." 크리스타가 말했다.

"좋습니다. 이제 이 수치들을 바탕으로 옵션 선언문을 작성해야 해요." 내가 말했다. 그들은 정말 잘하고 있었다.

팀원들은 데이터에서 나온 수치들을 취합해 옵션 선언문 원본을 작성했다.

> 강사들이 강의를 더 쉽고 빨리 게시할 수 있다면 강의 게시율을 50% 높이고 두 번째 강의 게시 수를 30% 늘릴 수 있다고 믿습니다.

크리스타는 이 선언문을 카렌에게 보여주고 이런 답변을 받았다. "목표 달성을 위해 실제로 무엇을 해야 할지 더 확실히 정리해야 하지만 방향성이 좋네요. 문제점과 해결 방안을 더 깊이 분석한 후 다시 논의해 수치 증가를 위해 우리가 정확히 무엇을 개발하거나 어떤 조치를 취할 수 있는지 더 다채롭게 생각해보죠."

이제 팀원들은 문제 탐구에 돌입하고 강사들의 불만 요인을 심층 분석할 준비가 됐다.

프로덕트 지표

'프로덕트 지표'는 프로덕트, 나아가 사업 자체의 건전성을 보여준다. 프로덕트의 건전성이 사업 전체의 건전성에 영향을 미치기 때문이다. 측정 기준은 모든 프로덕트 매니저의 생명줄이다. 프로덕트 상태를 계속 주시해야만 언제 어디서 행동을 취해야 할지 알 수 있다. 그렇게 방향을 정한다.

하지만 엉뚱한 요소들을 측정하는 데 시간을 허비하기 쉽다. 소위 '허영 지표'를 측정하는 경우가 많다. 린 스타트업에서 제시한 허영 지표 개념은 항상 숫자가 늘어나므로 휘황찬란해 보이는 목표들을 강조한다. 자신의 프로덕트 사용자 수, 하루 페이지 뷰 수, 로그인 횟수 등을 자랑하는 것이다. 이 수치들은 투자자에게는 근사해보여도 프로덕트 팀이나 경영진의 의사결정에는 별 도움이 안 된다. 우리가 행동이나 우선순위를 바꾸도록 도와주지 않기 때문이다.

허영 지표를 실행 가능한 지표로 바꾸고 싶다면 시간 요소를 더하면 된다. 지난 달보다 이번 달 사용자가 늘었는가? 어떤 행동이 바뀌었는가? 사실 정보와 수치에 전후 맥락과 의미를 추가할 방법을 면밀히 생각해보자. 지표 뒤에 숨은 의미를 따져보고 그 의미가 의사결정과 상황 해석에 어떤 도움이 될지 고민해보자.

허영 지표 외에도 프로덕트 팀이 출시한 기능, 완료한 스토리 포인트, 작업한 사용자 스토리 개수와 같은 산출량 중심 지표를 측정하는 경우도 많다. 이런 것은 생산성 지표로는 좋을지 몰라도 프로덕트 지표는 아니다. 이 지표들은 프로덕트 개발 결과를 사업 성과로 연결해주지 못한다. 우리는 사업 성과로 연결되는 지표를 설정해야 한다.

적절한 프로덕트 목표가 무엇인지 철저히 고민하게 도와주는 프로덕트 프레임워크가 많다. 그중 나는 해적 지표와 하트 지표를 좋아한다.

해적 지표

해적 지표^{Pirate Metrics}는 500 스타트업^{500 Startups}이라는 벤처투자사를 설립한 데이브 맥클루어^{Dave McClure}가 만들었으며 프로덕트 사용 라이프사이클을 보여준다. 이 지표를 깔때기로 생각해보자(그림 16-1). 사용자가 프로덕트를 발견하는 것은 획득^{Acquisition}이다. 사용자가 긍정적인 첫 번째 경험을 하는 것은 활성화^{Activation}다. 사용자가 프로덕트를 지속적으로 이용하는 것은 유지^{Retention}다. 사용자가 프로덕트를 좋아하면서 타인에게 추천하는 것은 소개^{Referral}다. 마지막으로 사용자가 프로덕트의 가치를 알아보고 비용을 지불하는 것은 매출^{Revenue}이다. 이 5개 요소를 합치면 AARRR(해적 지표)가 된다.

그림 16-1 데이브 맥클루어의 해적 지표

이 프레임워크에서 보통 가장 이해하기 힘든 부분은 활성화와 획득의 차이다. 획득은 사용자가 여러분의 사이트를 방문해 회원가입을 하는 것이다. 마케틀리는 이 획득률을 측정하고 있었다. 활성화는 회원이 된 사용자가 프로덕트를 실제로 사용하기 시작하면서 긍정적인 경험을 하는 것이다. 마케틀리의 경우, 회원이 실력을 자가진단해 어떤 강의를 들을지 알아보는 활동이 활성화에 해당한다. 그 다음은 초반에 잘 활성화시킨 회원을 유지할 차례다.

모든 기업이 같은 방법으로 사용자로부터 수익을 창출하지는 않는다. 이 방식은 프리미엄Freemium형 소비자 프로덕트에 잘 맞다. 영업팀이 있고 B2B 프로덕트를 개발하는 기업이라면 사용자들이 활성화되기 전에 수익이 창출된다. 이 순서를 바꾸어 여러분의 프로덕트 흐름에 맞춰볼 수 있다.

깔때기를 알맞게 사용하면 단계를 통과할 때마다의 전환율을 쉽게 계산할 수 있다. 이 전환율을 참고하면 사람들이 많이 떨어져나가는 지점을 파악해 잘못된 부분을 고칠 수 있다. 단계별 깔때기 사용자 수를 확인하면 해당 집단을 공략해 다음 단계로 이동시킬 방안도 구상할 수 있다. 여기서 목표는 사람들이 프로덕트에 잔류해 결제하도록 만드는 것이다.

해적 지표는 매우 유명하지만 사용자 만족도가 반영되지 않는다는 한계가 있다. 그래서 구글에서 일하는 케리 로든Kerry Rodden은 사용자 만족도를 알아보는 하트 지표를 고안했다.

하트 지표

하트HEART 지표는 행복Happiness, 참여Engagement, 채택Adoption, 유지Retention, 과제 성공Task Success으로 이루어지며 특정 프로덕트나 기능을 말할 때 주로 이용된다. 여기서 채택이라는 개념은 해적 지표에서의 활성화와 비슷하다. 프로덕트를 처음 사용하는 사람이 대상이기 때문이다. 유지는 해적 지표에서의 유지와 같다.

하트 지표에 다른 지표들을 추가하면 사용자가 프로덕트를 어떻게 이용하는지 알아볼 수 있다. '행복'은 사용자의 만족도를 나타낸다. '참여'는 사용자가 프로덕트를 이용하는 빈도다. '과제 성공'은 사용자가 프로덕트에서 수행해야 할 활동의 난이도를 보여준다.

하트 지표에 대해 더 알아보려면 로든이 쓴 「자신의 프로덕트에 맞는 UX 지표 고르는 법」How to Choose the Right UX Metrics for Your Product[1]을 읽어보자.

데이터로 방향 설정하기

앞에서 설명했듯이 프로덕트 활동은 수익이나 비용, 나아가 사업 결과에 영향을 미쳐 프로덕트 지표가 경영 성과로 연결되는 것이다. 다만, 프로덕트 계획과 옵션을 비롯한 전략의 모든 단계에 지표가 있어야만 프로덕트 개발이 성공적으로 이루어지는지 확인할 수 있다.

어떤 지표를 채택하든 하나가 아닌 여러 지표의 체계를 갖추어 프로덕트에 대한 의사결정을 이끌어야 한다. 집중할 영역이 하나라면 지표도 하나만 채택하기 쉽다. 마케틀리도 같은 개발 함정에 빠질 뻔했다. 회원가입률을 높이는 방안으로 어떤 선택지를 분석하든 사용자 유지율을 계속 관찰하면서 정해진 선 아래로 수치가 내려가지 않도록 해야 한다. 나는 서로의 수치를 상쇄시키는 지표 2개가 합쳐진 체계를 '상호파괴 짝'이라고 부른다. 이때 셋 이상의 지표가 모여 하나의 짝을 이룰 수도 있다.

이 체계는 문제가 있다. 유지율은 결과가 즉시 나오지 않는 지행 지표라는 점이다. 사용자들이 프로덕트를 계속 사용했는지 확실히 알아보려면 몇 달을 기다려야 하므로 활성화, 행복, 참여와 같은 선행 지표를 함께 측정해야 한다. 선행 지표는 우리가 유지율과 같은 지행 지표 관련 목표를 달성하는 길로 순조롭게 가고 있는지를 알려준다. 유지율에 대한 선행 지표를 정하려면 행복, 프로덕트 사용 등 사용자가 머물게 하는 요소를 정성화하면 된다.

---

1   케리 로든의 미디엄 블로그 글. http://bit.ly/2D77HAi.

옵션에 대해 세우는 성공 지표는 우리가 프로덕트 계획을 통해 기대하는 결과에 대한 선행 지표일 때가 많다. 옵션은 더 짧은 기간을 위한 전략이기 때문이다. 성공 지표는 그 기간 내에 이룰 수 있는 것이어야 한다. 옵션 수준에서 지표를 측정해두면 나중에 계획 수준에서 잔혹한 현실이 드러났을 때 허를 찔리지 않을 수 있다.

가용 데이터를 충분히 확보하려면 그 데이터를 쉽게 측정할 도구들을 도입해야 한다. 지표 플랫폼 채택은 모든 기업이 가장 먼저 해야 할 일 중 하나다. 앰플리튜드Amplitude, 펜도Pendo, 믹스패널Mixpanel, 인터콤Intercom, 구글 애널리틱스Google Analytics가 모두 데이터 플랫폼이다. 인터콤과 펜도 등은 고객에게 접근해 질문하는 기능도 제공해서 고객 피드백 루프를 실행할 수 있다. 프로덕트 중심 기업은 자체 또는 외부의 지표 플랫폼을 이용해야만 프로덕트 매니저가 충분한 자료를 바탕으로 결정을 내릴 수 있기 때문이다.

목표 설정은 현실적이어야 한다. 크리스타와 카렌은 충분한 정보를 바탕으로 가설을 만들기 위해 설문 결과와 프로덕트 분석을 보면서 수치가 얼마 정도 나왔을지 어림잡아 보았다. 현실적인 예상값을 잡기 위해 과거 동향을 살펴보기도 했다. 예를 들어, 한 달에 신규 회원이 8만 명 이상 생기지 않을 거라는 건 알고 있었지만 미래에 기존 가입률이 2배로 늘어날 가능성이 있다. 알찬 콘텐츠가 부족하다는 지적이 많았기 때문이다.

문제를 면밀히 조사하지 않으면 성공 지표를 설정할 수 없으므로 맨 먼저 문제를 탐구해야 한다. 이 과정을 17장에서 알아보자. 성공 지표에는 탐구를 통해 발견한 문제, 문제 해결을 위해 도입한 해결책이 반영되어야 한다.

17장

문제 탐구

크리스타는 옵션 탐구에 돌입하기 위해 팀원들과 프로덕트 카타를 진행했다. "우리 옵션의 목표는 뭐죠?" 그는 맷과 리치에게 물었다.

"강의 게시율을 50% 높이고 두 번째 강의 게시 수를 30% 늘리는 겁니다." 두 사람이 대답했다.

"지금 우리는 어떤 상태죠?"

"아직 시작 단계입니다. 제작이 시작된 강의 게시율은 25%에 불과해요. 암울하다고 볼 수 있죠. 두 번째 강의 게시 수는 겨우 10%고요. 아주 끝내주네요." 둘은 데이터를 보고 받은 충격을 아직 떨치지 못한 것 같았다.

"우리가 치워야 할 걸림돌은 뭐죠?"

"강사들이 강의를 제작하면서 겪는 문제점이 무엇인지 우리가 모르고 있어요."

"어떻게 하면 그 문제를 알 수 있죠?"

"사용자 조사요. 제가 강사 20명을 대상으로 1시간짜리 세션을 마련해 강의를 만드는 모습을 지켜볼 수 있어요. 그러면 2주 안에 핵심적인 불만들을 알아낼 데이터가 나올 겁니다. 크리스타 님이 인터뷰를 도와주실래요?"

"그럼요. 나눠서 해치웁시다. 우리 모두 내용을 함께 파악하도록 리치 님도 인터뷰를 몇 번 참관하시겠어요?"

"물론이죠. 이번 주에 인터뷰의 절반가량을 함께 할 수 있어요. 스케줄을 비워둘게요."

이 세션은 걱정을 많이 했지만 잘 진행되었다. 팀원들은 사용자 대부분과 영상통화를 하면서 화면을 공유해주었다. 아직 강의를 게시하지 않은 강사가 몇 명 있어 강의 제작의 어느 단계가 막막했는지 확인할 수 있었다. 팀원들은 인터뷰를 마친 후 데이터를 취합해 다시 모였다.

"와! 강사용 포털 디자인이 좀 그렇긴 하네요. 잘하지 않은 줄은 알았지만 생각보다 심각해요." 맷이 말했다. "이건 뭐 디자이너가 아니라 개발자가 디자인한 것 같잖아요." 맷은 마케틀리 입사 1개월차였다.

"네, 제가 했거든요. 저 개발자 맞잖아요. 6개월 전까지 회사에 UX 디자이너가 없었어요!" 리치가 한숨을 쉬며 말했다. "그러셨다면 최선을 다한 거죠. 그래도 이제 문제가 뭔지는 알았잖아요." 맷은 심기가 불편해진 리치를 치켜세우려고 애써 말했다.

"다른 시스템에 있는 강의를 우리에게 옮겨오고 싶어하는 강사들이 있는 건 생각도 못 했어요. 전부 처음부터 만들겠거니 했거든요. 콘텐츠를 제작할 때 시스템 밖에서 하는 작업이 그렇게 많은지도 몰랐고요. 전부 신속히 입력하는 기능을 원하네요." 리치가 말했다.

"그러게요. 지금의 작업 흐름은 영 아니에요. 일단 문제점을 쭉 적고 사용자가 원하는 흐름을 구상한 다음에 그것을 바탕으로 작업을 시작합시다."

"그러시죠. 저는 인터뷰하면서 눈에 띈 문제점 몇 가지를 이렇게 적어두었어요." 크리스타가 말했다.

그는 자신이 정리한 문제점들을 보여주었다.

- 타 교육 서비스에 등록된 내 강의를 마케틀리로 이전할 때 내 모든 정보를 쉽고 정확하게 업로드해 일일이 다시 입력하는 시간을 줄이고 싶다.
- 새 강의를 제작할 때 내 콘텐츠를 모두 쉽게 불러와 더 빨리 게시하고 싶다.
- 강의를 음성 전용으로도 제작하면 좋겠다. 그러면 영상작업 시간을 아끼고 팟캐스트를 좋아하는 사람들에게 도움이 될 수 있다.
- 강의를 게시할 때 가격 추천을 받아 비슷한 강의를 검색하느라 들이는 시간을 줄이고 싶다.
- 강의를 제작할 때 잠재수강생들이 배우고 싶어하는 내용을 알아내 그에 맞는 콘텐츠를 만들고 싶다.

"제가 보기에는 충분한데요. 현재의 사용자 여정을 그려놓고 어느 영역이 안 좋은지 파악한 후 이상적인 상태로 만들어봅시다." 맷과 리치가 말했다.

둘은 화이트보드에 현재의 사용자 여정을 그리고, 특히 문제가 많은 영역들을 표시했다.

"콘텐츠를 시스템에 등록하는 시간을 줄이는 게 가장 관건이라고 생각해요. 그걸 문제점으로 놓고 출발해 실험해봅시다." 크리스타가 말했다.

그들은 가설을 적어내려갔다.

강사들이 시스템에 콘텐츠를 등록하는 과정을 더 쉽고 빠르게 만들면 강의 게시율은 50%, 두 번째 강의 제작 수는 30% 높일 수 있을 것이다.

문제 이해하기

프로덕트 매니저는 '고객의 목소리'를 대변하는 존재로 여겨지지만 실제로 필요한 만큼 고객과 대화를 나누는 프로덕트 매니저는 드물다. 왜 그럴까? 말을 해야 하기 때문이다. (으악) 사람들과. 인터뷰 자리를 마련하는 것은 무척 수고스럽고 그냥 회사에서 A/B 테스트를 하거나 데이터를 파고드는 것보다 서글플 때도 있다. 데이터 분석도 중요하지만 그것만으로는 모든 이야기를 알 수 없다. 그래서 밖에 나가 사람들과 실제로 대화하면서 그들이 겪는 문제의 핵심을 알아내야 한다. 기프 콘스터블Giff Constable은 그 주제로만 책 한 권을 쓰기도 했다. 그의 저서 『Talking to humans』(2014)는 고객과 대화하는 법을 알려준다.

사용자 조사, 관찰, 설문, 고객 의견은 우리가 사용자의 관점에서 문제를 탐구하는 데 활용할 수 있는 도구들이다. 이때 사용자 조사를 '사용성 테스트'와 헷갈리지 말자. 사용성 테스트는 프로토타입이나 웹사이트를 보여주면서 사람들이 행동을 완수해보게 함으로써 그들이 기능을 쉽게 다루고 이용하는지 보는 것이지 그 기능이 실제로 문제를 해결해주는지 확인하는 연구는 아니다. 이것을 '평가형' 연구라고 부른다.

반면, 문제 기반 사용자 조사는 '생성적 연구'다. 이런 연구는 해결하려는 문제를 찾아내는 것이 목적이다. 그러려면 고객이 겪는 문제의 근원을 파헤치고 그를 둘러싼 전후 상황을 이해해야 한다. 마케틀리도 이런 연구를 했다. 그들은 고객을 찾아가 관찰하고 그들에게 질문을 던졌다.

"강의를 완성하는 과정에서 어떤 문제로 가장 곤란하셨나요? 어떤 점이 힘드셨나요? 문제 기반 연구에서는 무엇이 불만인지 파악하고 문제의 근본 원인을 알아내야 한다. 고객이 겪는 문제의 전후 상황을 이해하면 그 문제의 해결 방안을 더 정확히 구상할 수 있다. 그렇지 못하면 추측만 난무한다.

여기서 쉽게 빠질 수 있는 개발 함정은 근본 원인을 찾기도 전에 문제 해결에 뛰어드는 것이다. 우리는 문제가 무엇인지도 모르는 상태에서 그 문제를 해결하려고 덤비곤 한다. 우리 뇌는 해결 방안 찾기를 좋아하지만 일할 때 그런 태도는 위험하다. 문제의 근원을 이해하지 못하면 절대 자신의 의도에 맞춰 정확한 해결 방안을 도출해낼 수 없다. 의도대로 움직이지 못하니 운좋게 올바른 해결 방안이 얻어 걸리길 바랄 수밖에 없는 것이다. 문제의 뿌리를 이해하는 것이 어렵기는 해도 더 효율적이고 효과적이고 성공적인 방식이다.

이런 사고방식을 장착했을 때 저지르기 쉬운 실수를 꼽자면 기능 부족이 문제라고 넘겨짚는 것이다. 나는 모 회사에서 다음과 같은 대화를 많이 해봤다.

> 나: "사용자들을 위해 어떤 문제를 해결하고 계신가요?"
>
> 회사: "우리 사용자들에게는 맞춤형 대시보드가 없어요."
>
> 나: "그래서… 해결책이 뭐죠?"
>
> 회사: "맞춤형 대시보드죠."

사용자들이 맞춤형 대시보드를 원하는 이유를 묻자 이런 대답이 돌아왔다.

> (1) 깨진 빌드가 있는지 점검하기 위해 가장 중요한 지표들을 매일 쉽게 확인하려고 한다.

(2) 최근 출시한 기능 관련 진척 상황과 자신이 담당하는 지표에 대해서만 상사와 쉽게 소통하려고 한다.

(3) 다음 단계를 결정할 수 있도록 생산 목표를 매일 점검할 수 있으면 좋겠다.

모두 합당한 문제이고 맞춤형 대시보드로 어느 정도 해결할 수 있지만 문제마다 대시보드를 개발해야 하는 방향이 조금씩 달라진다. 1번과 3번이 문제라면 특정 지표를 선택해 점검하고 주어진 기간 동안의 변화를 확인할 수 있는 UI를 만들 것이다. 2번이 문제라면 상사에게 보고하는 기능을 만들 것이다. 두 기능이 모두 있는 대시보드를 만들어도 되지만 사용자가 2번 문제만 겪는다면 괜한 수고를 안 해도 된다.

문제 해결 방안을 생각하다 보면 아이디어 구상에만 집착하기 쉽다. 오랫동안 이 일을 해온 나도 마찬가지다. 나는 온라인 학교 '프로덕트 인스티튜트Product Institute'를 위한 새 아이디어를 구상하면서 당장 그 아이디어들을 구현하고 싶다는 마음에 설레곤 한다. 몇 달 전에는 실리콘 밸리의 최신 유행 아이템인 챗봇을 도입하자는 아이디어를 냈다. 코치들처럼 질문에 답변하게 해주는 챗봇을 우리 사이트에 넣으면 학생들 마음에 쏙 들 것만 같았다. 나는 당장 챗봇을 설치할 방법을 알아보고 시험해보았지만 다행히 현명한 프로덕트 매니저 케이시 칸첼리에리Casey Cancellieri가 이렇게 말해주었다. "멜리사, 지금 우리는 이런 기능이 필요없어요. 이 기능으로 어떤 문제가 해결되는 게 아니잖아요?" 그의 말이 맞았다. 나중에 쓰면 좋은 (또는 끔찍한) 아이디어일 수는 있지만 당장 필요하지는 않았다. 주의를 산만하게 만드는 요소였다.

내 친구 조시 웩슬러Josh Wexler는 이렇게 말했다. "자기 애가 못 생겼다는 소리를 듣고 싶어하는 사람은 없습니다." 너무 집착하지 않는 것이 관건이다.

나쁜 아이디어가 있으면 팀원들이 너무 많은 시간과 공을 들이고 여러분도 정들기 전에 잘라내자. 그리고 여러분이 해결하려는 문제 자체를 더 아껴 주자.

사용자는 앱을 원하지 않는다

몇 년 전 여성 사업가 커뮤니티 설립자들로부터 앱 아이디어 자문 의뢰를 받은 적이 있다. 나는 그들이 어느 단계에 있고 어떤 문제를 해결하려는지부터 점검해보았다. 앱을 만들 생각은 어떻게 나왔나요? 현재 상태를 알아보고 주요 관계자들과 이야기나눠 본 결과, 그 전 해에 전혀 다른 앱을 만들었는데 다운로드 수가 매우 훌륭한 수준이었다는 것을 알게 됐다. 사이트 방문자 수가 늘었고 그것은 기업 인수에 매우 유리한 요소였다.

이 회사는 새 앱을 통해 다양한 소비자 대상 사업을 할 수 있을 거라고 확신했지만 그들이 정말 중요한 문제를 해결하고 있는지 판단할 수 있는 사람은 없었다. 소비자들이 무엇을 원하고 필요로 하는지 이해하려고 애쓰기보다 뭔가를 세상에 내놓겠다는 일념으로 앱 개발을 서두르고 있었다.

첫째 날 나는 프로덕트 팀과 경영진을 만났다. 새 앱 관련 아이디어를 심층적으로 살펴보기 위해서였다. 그들은 틴더 같은 인터페이스를 사용해 사업 멘토가 되어줄 만한 사람을 여성과 짝지어주는 앱을 만들려고 했다. 그들이 세운 가설은 여성들이 경력 관리를 조언해주고 승진을 도와줄 멘토를 빨리 만나고 싶어 하며 그러기 위해 같은 도시에 사는 다른 여성들과 교류하려고 한다는 것이었다. 그들은 그 가설에 큰 무게를 실었지만 우리는 한 발 물러나 뼈아픈 질문을 하기로 했다. "조언을 구하기 위해 모르는 사람과 이런 식으로 연결되는 것을 여성들이 편하게 받아들일까요?"

우리는 그 가설을 시험해보았다. 여러 여성을 인터뷰해 멘토를 찾는 사람들에게 앱 아이디어를 소개해본 것이다. 반응은 시원찮았다. "어, 싫어요." 이런 반응이 대부분이었다. 그 여성들은 모르는 사람을 멘토로 삼고 싶어하지 않았다. 자기 일을 세세히 말해야 해 공통점이 있는 사람과 관계를 맺고 싶어했다. 부모님의 친구, 대학 동문, 동아리, 회사, 행사에서 만난 사람 등 평소 신뢰하는 사람들의 추천으로 멘토를 구하는 여성이 많았다.

그 시험은 소비자가 무엇을 원하는지, 나아가 무엇을 꺼리는지 배우는 흥미로운 과정이었다. 그들은 원래 개발하려던 앱이 소비자가 원하는 방향이 아니라는 것을 깨달았다. 그래서 처음 구상한 문제 해결 방안은 폐기했지만 해결하려는 문제 자체가 옳은지는 여전히 미지수었다. 그래서 인터뷰를 통해 제대로 문제 조사를 실시했다. 우리는 그 여성들이 멘토를 구하고 사업 관련 인맥을 쌓을 때 겪는 몇 가지 문제를 심층 분석하기 시작했다.

이 경험을 통해 그 회사는 특정 가설이 있을 때 일찍부터 조사와 실험으로 적합성 여부를 시험해보면 앞으로 큰 돈을 아낄 수 있다는 교훈을 얻었다. 다른 방식을 취했다면 앱의 적절성을 일주일 만에 파악할 수 있었겠지만 그들은 앱 개발에 착수하기 위해 개발자에게 이미 거액을 지불한 상태였다. 초기 단계에서는 문제 해결에 집중하겠다는 태도를 가지면 엉뚱한 것을 쫓느라 시간을 허비하지 않고 올바른 것을 개발하는 데 시간을 더 쓸 수 있다.

장벽을 부수고 창의력을 발휘하자

기업의 관료주의 때문에 고객과 대화를 나누기 힘든, 심지어 불가능한 회사가 많다. 크리스 맷Chris Matts이라는 친구는 기업의 제약을 헤쳐나가는 귀

재다. 한 번은 어떤 회사와 일하다가 고객과 대화를 나누면 안 된다는 말을 들었다고 한다. 그는 그 규정을 만든 담당자를 찾아갔고 그 담당자는 규정을 만들었다는 다른 사람에게 크리스를 보냈다. 그렇게 줄줄이 위로 올라간 결과, 드디어 그 칙령을 내린 장본인을 만났다. 그는 크리스를 보더니 말했다. "뭐라고요? 저는 고객과 대화를 나누지 말라고 말한 적이 없는데요? 대화하려면 정해진 절차를 밟아야 한다고 했죠. 이 신청서만 쓰시면 돼요." 다음날 크리스는 고객과 대화를 나눌 수 있었다.

정보는 습득하는 것이 안 하는 것보다 낫다. 소비재 분야라면 어떤 제품을 사용하거나 적합한 배경을 가진 사람을 친구의 친구로부터 수소문할 수 있다. B2B 환경에서는 영업 담당자나 고객 담당자를 조사를 위한 첩자로 삼을 수 있다. 영업차 전화나 후속회의를 할 때 그들에게 필요한 질문을 건네는 식이다. 항상 가능한 것은 아니지만 고정관념을 탈피하면 '뭔가' 도움이 될 만한 것을 생각해낼 수 있다. 마케틀리에서는 회원가입을 하려다가 중도에 포기하는 사용자들에게 연락할 수 없는 대신 콸라루를 활용했다.

필요한 사람들에게 접근할 수 있더라도 소비자 조사에는 나름대로 개발 함정이 있다. 모두 겪어보았듯이 사람들은 무작정 해결 방안부터 말하려 든다. "아, 여기에 X를 할 수 있는 버튼만 하나 있으면 돼요." 이런 식이다. 프로덕트 매니저는 한발 물러나 다시 물어보아야 한다. "아, 그렇군요. 그 이유는 뭘까요? 왜 버튼이 필요하세요? 왜 버튼이 정답이라고 생각하세요? 무엇을 달성하려고 하시나요?" 문제의 뿌리를 더 잘 이해하려면 사용자의 필요를 이해해야 한다. 중요한 것은 버튼 자체가 아니다.

기억하자. 고객의 문제를 해결하는 것은 고객 자신의 일이 아니다. 고객에게 적합한 질문을 하는 것은 프로덕트 매니저의 일이다.

문제 검증하기

마케틀리로 돌아가보자. 크리스타는 팀원들과 함께 문제 검증에 대한 실질적인 교훈을 얻고 있었다.

"우리가 추측하기로 콘텐츠를 시스템에 쉽게 신속히 등록하게 만들면 게시되는 강의 수를 늘릴 수 있을 겁니다. 그냥 강의 생성을 자동화하면 어떨까요? 사용자는 모든 콘텐츠를 어딘가에 쉽게 업로드하고 우리는 그 콘텐츠를 정확한 장소로 옮기는 거죠." 크리스타가 제안했다.

"흠, 그것도 좋겠네요. 하지만 미묘한 차이가 몇 가지 있어요." 리치가 말했다. "예를 들어, 그들이 입력하는 콘텐츠가 모두 표준화되어 있나요? 매우 다양한 분야가 있을 테고 모든 강의가 기술적으로 동일하지 않습니다. 사용자가 특정 형식으로 강의를 만들지 않는 이상 불가능합니다. 모두 동영상, 캡션, 텍스트 블록 등을 사용해야 합니다. 저는 잘 모르겠네요."

크리스타는 잠시 생각해보았다. "맞는 말씀이라고 생각해요. 그래도 모르잖아요. 사용자들이 콘텐츠를 더 통제하고 싶어할지 아닐지. 테스트를 소규모로 진행해 사용자가 콘텐츠를 자유자재로 만들고 싶어하는지, 특정 형식을 따르는 것도 개의치 않는지 알아보는 게 어떨까요? 사용자들이 강의 디자인 전문가여서 까다로울 수 있고 아니면 우리가 방향을 제시해주길 바랄 수도 있고요." 크리스타가 말했다.

나는 그 현장을 지켜보고 있었다. 방향은 잘 잡았지만 이 과정을 통해 무엇을 배울지 틀을 잡아야 했다. "카타로 돌아가 찬찬히 훑어봅시다. 지난 단계에서 우리는 뭘 배웠죠?" 내가 물었다.

"강사들이 겪는 문제를 배웠죠. 그들이 콘텐츠를 시스템에 올리는 것을 어려워한다는 것을 알게 됐습니다. 시스템 사용법을 알아내는 게 가장 큰 걸림돌 같았습니다."

"좋아요. 그럼 지난 단계를 기준으로 현재 상태는 어떤가요?" 나는 다시 물었다.

"목표 달성 면에서 보면 그때와 같은 상태입니다. 전혀 진전이 없어요."

"그래요? 그러면 목표 달성에 가장 큰 장애물은 뭔가요? 그 다음에는 뭘 배워야 하죠?" 내가 물었다.

크리스타는 잠시 침묵하다가 끼어들었다. "앞으로 나아가기 위한 다음 단계는 사용자의 최대 불만, 즉 콘텐츠를 시스템에 등록하는 과정 문제와 강의 게시에 시간이 오래 걸리는 문제를 해결할 방안을 찾는 겁니다. 우리는 강사들이 콘텐츠를 어떤 모습으로 보여주고 싶어하는지, 화면 형식을 까다롭게 따지는지 모릅니다. 우리 입장에서는 템플릿을 적용하면 일이 간단하지만 강사들이 템플릿을 따르고 싶어하는지, 각자의 입맛에 맞게 콘텐츠를 만들고 싶어하는지 아직 모릅니다."

"생성적인 해결 방안 조사가 필요하신 것 같네요. '해결 방안에서 그들은 무엇을 중시하는가?'와 같은 질문의 답을 찾으셔야 해요. 가설을 증명한다기보다 테스트해보면서 좋은 해결 방안이 무엇인지 이해하는 활동입니다."

"강의를 새로 만들기 시작한 강사 5명에게 연락해 그들의 모든 콘텐츠를 시스템에 등록해주는 '서비스'를 제안해볼 수 있습니다. 우리가 그 일을 대신 처리해주는 거죠. 그들이 어떤 유형의 콘텐츠를 제출하는지 알 수 있어요. 템플릿 관련 테스트도 실시해 그들이 콘텐츠를 제작하면서 특정 형식을 따라주는지도 살펴볼 수 있습니다."

"좋은 생각이네요. 우선 템플릿 없이 시작해 어떤 콘텐츠가 들어오는지 봅시다. 강사 5명을 뽑아 자신들이 원하는 형식으로 콘텐츠를 제출하게 하고 어떤 유형을 제출하는지 지켜보는 거죠."

"모두 제대로 가고 있는 것 같아요. 저는 언제 다시 와서 진척 상황을 보는 게 좋을까요?" 내가 물었다.

"2주가량 걸릴 테니 그때 다시 모이죠." 크리스타가 그렇게 정리했고 팀원들은 실험에 돌입했다.

그들은 신규 강의 제작을 막 시작한 강사 20명에게 연락해 강의를 시스템에 등록하는 과정에 어려움이 있는지 물어보았고 그렇다고 대답한 강사 10명에게 서비스를 소개했다. "시스템에 강의를 등록하시는 작업을 저희가 대신 해드릴게요. 저희에게 콘텐츠만 보내주시면 됩니다. 그런 다음 보시고 자유롭게 편집하시면 돼요." 강사 5명이 그 제안에 동의했고 2주 동안 서비스를 받기로 했다.

그들은 원래 사용하던 파일을 어떤 형식으로든 보내달라고 강사들에게 요청했다. 다양한 형태와 형식의 파일들이 들어왔다. 드롭박스 링크, 구글 문서, 커리큘럼 스프레드시트, 유튜브 링크 등이었다. 가장 놀라운 것은 동영상 파일 형식이었다. 강사들은 편집하지 않은 동영상 파일들을 보내오면서 원하는 편집 방향을 알려주었다. 음성 파일은 따로 들어왔다.

"우리가 영상편집까지 해주는 거라고는 생각하지 않았어요. 우리가 강사들에게 완성된 콘텐츠를 보내달라고 한 줄로 알았죠." 크리스타가 말했다.

리치도 당황했다. "이걸 어떡해야 할지 모르겠네요. 저는 영상편집자가 아니에요. 저는 강사들이 콘텐츠를 시스템에 등록하는 것을 어려워하는 줄 알았지, 자료 제작 자체가 문제인지는 몰랐어요."

맷은 사용자들과 오랜 시간 함께한 만큼 자신이 현재 상황을 이해하고 있다고 생각했다. "강사들은 온라인 강의 제작 전문가가 아니잖아요? 커리큘럼 개발을 잘하는 거지, 영상을 잘 만드는 건 아니에요. 우리가 문제를 잘못 이해했다면 어쩌죠? 콘텐츠를 시스템에 올리는 게 아니라 온라인 콘텐츠(특히 영상)를 만드는 게 문제라면요?"

팀원들은 서로 쳐다보았다. "그 강사들과 더 이야기해봐야겠어요. 더 깊이 알아봅시다." 그들은 강사들과 대화를 나누면서 같은 이야기를 듣고 또 들었다. "웹사이트가 엉망이고 시스템에 뭔가를 올리는 게 힘들어요. 하지만 더 큰 문제는 따로 있어요. 영상을 편집하고 재미있게 만드는 방법을 배우느라 강의 제작에 시간이 너무 오래 걸려요. 영상을 더 빨리 만들 수 있다면 강의 제작 기간이 절반으로 줄 것 같아요."

"세상에! 우리가 진짜 문제를 완전히 놓치고 있었네요. 업로드 과정도 언젠가는 새로 만들어야 하지만 영상을 만드는 게 진짜 문제였군요. 얼마나 큰 문제인지 궁금하네요." 리치가 말했다.

팀원들이 모든 강사에게 설문을 실시한 결과, 지금까지 강사들의 최대 불만은 영상 제작이었다. 그들은 영상편집에 약 2개월의 시간을 쓰고 있었다. 강의 게시를 중도에 포기한 대부분의 강사들이 영상을 만들고 편집하는 데 시간이 너무 오래 걸리기 때문이었다고 대답했다. 한 사용자는 이렇게 말했다. "영상을 촬영하는 방법은 알지만 재미있게 만들어 편집까지 하는 방법은 모르죠." 또 다른 사용자는 이런 말까지 했다. "지난 주에 영상 하나를 찍는 데만 나흘이 걸렸어요. 대본을 읽다가 중간에 계속 틀렸거든요."

"이제 진짜 문제를 찾아낸 것 같네요." 리치가 말했다.

18장
해결책 탐구

2주 뒤 나는 진행 상황을 검토하기 위해 다시 마케틀리 팀을 만났다.

"목표 달성을 가로막는 더 큰 문제를 찾아냈어요." 크리스타가 활짝 웃으며 말했다. "강사들이 강의 영상을 편집하느라 2개월 동안 무려 80시간 이상을 쓰고 있었어요. 편집을 안 하려고 몇 번씩 촬영을 다시 한 사람들도 있었고요."

그들이 무척 자랑스러웠다. 나는 물어보았다. "문제 하나를 해결하려는데 더 큰 문제가 드러났네요. 다음 단계는 뭐죠?"

"강사들을 일부 선발해 영상편집을 우리가 대신 맡아봐서 해당 집단의 강의 게시 수가 늘어나는지 실험해보려고 해요." 크리스타가 말했다. 그 팀은 다음 단계에서 배워야 할 것을 알아내기 위해 카타를 진행했다.

"대부분의 강사들이 영상편집을 어려워한다는 걸 알게 됐지만 그 문제를 해결하면 강의 게시율이 높아질지는 지켜봐야 해요." 리치가 말했다.

"아주 좋네요. 그럼 그걸 어떻게 알아보죠?" 내가 물었다.

팀원들은 실험이 잘될지 가늠해보았다. 강사들에게 영상편집 서비스를 제안해 2주 동안 최대 10명에게 서비스를 제공해볼 계획이었다. 마케틀리 마케팅 부서에는 영상편집자 2명이 있었다. 크리스타는 카렌에게 부탁해 그 2명이 2주 동안 실험에 참여해도 된다는 마케팅 부사장의 승인을 얻어냈다. 2명이 함께 일하면 일주일에 강의를 7개씩 편집할 수 있을 것으로 예상했다.

그 점을 염두에 두고 게시되는 강의 하나가 벌어들일 예상수익을 고려할 때 크리스타는 한 달 동안 작업한 강의가 10개 이상 게시되는 것을 성공 지표로 정했다.

실험 개시 2주 후 나는 마케틀리 직원들이 무엇을 알아냈는지 보러 갔다.

"예상처럼 잘 풀리지 않았어요. 그래도 알아낸 건 있죠. 온라인 강의에 '적합한' 영상이 어떤 건지 감을 잡은 강사가 거의 없더라고요. 그래서 영상을 흥미롭게 만드는 방법을 조언해주고 있습니다." 크리스타가 말했다.

"그래서 영상 제작 방법을 알려주거나 템플릿을 제공하는 게 좋은 방안 아닐까 생각 중이에요." 리치가 거들었다.

"결과는 매우 좋았어요. 이대로 쭉 밀고가고 싶지만 이 실험은 2주에 14명 이상으로 확대할 수 없을 것 같아요." 크리스타가 말했다.

"생각했던 대로네요." 내가 대답했다. "지금 진행하고 계신 실험을 대행 실험이라고 해요. 고객의 일을 대신 직접 해주고 있으니까 비용이 많이 들 수밖에 없죠. 이 방안에서 효과적인 점을 알아낸 후 지속가능한 수준으로 규모를 늘릴 방법을 고민해봐야 해요. 가설이 증명되었을 때 그렇게 한다는 거죠. 훌륭한 실험이네요. 강사들이 강의를 게시해내는지 1개월 후에 다시 봅시다."

이제 팀원들은 문제 해결 방안들 중 강사들에게 도움이 될 요소를 파악하기 시작했다.

- 성공적인 영상 제작 방법이나 요령 소개
- 강사가 출연해 말하는 영상, 슬라이드, 이미지, 오디오, 유튜브 영상을 이어 붙이는 기능
- 영상 상단에 글자를 띄우는 기능
- 영상 도입부 슬라이드

어떤 종류의 경험이나 요소가 문제 해결 방안의 성패를 좌우할지도 생각해보았다.

- 완성된 프로덕트에 대한 통제권
- 편집자들에게 정보를 전달하는 과정의 편의성
- 무엇이 필요한지에 대한, 기술적 소통이 아닌 인간의 언어

마케틀리 팀원들이 이 요소들을 확장 가능한 서비스로 바꿀 방법을 고민하는 동안 강의들이 게시되기 시작했다. 영상을 편집해 사이트에 올린 지 일주일 만에 영상편집 서비스를 받은 강사들 중 절반이 강의를 게시했다. 3주가 끝날 무렵에는 강사 12명이 강의를 게시했다. 성공이었다!

학습용 실험

마케틀리 팀은 자신들이 해결하려는 문제에 큰 불확실성이 있다는 것을 알았다. 영상편집은 이 조직의 핵심 가치 제안이 아니어서 회사 입장에서 합리적이면서 확장 가능한 방식의 방안을 모색하려면 사용자 관점에서 요구사항을 심도 있게 알아야 했다. 그래서 실험을 통해 배우는 것이 중요하다.

기업들은 '배우기 위한 개발'과 '이익을 얻기 위한 개발'을 혼동할 때가 많다. 실험은 항상 배우기 위한 개발이다. 실험을 하면 고객을 더 잘 이해하고 어떤 문제 해결이 가치 있는 일인지 증명할 수 있다. 실험은 장기간 진행되도록 설계하면 안 된다. 실험은 원래 가설이 맞는지 틀리는지 증명하기 위한 것이고 소프트웨어를 개발할 때는 이런 실험을 최대한 신속히 진행해야 한다. 그래서 결국에는 개발했던 것을 전부 폐기처분하고, 성공한 경우에는 지속 가능하고 확장 가능한 방식을 구상해야 한다.

『린 스타트업』 출간 후 기업들이 실험 기법을 도입해왔지만 대부분 잘못된 이유로 실험을 수행해왔다. 이 책에서 소개한 실험 개념인 '이상적인 최소 기능 제품^{Minimum Viable Product, MVP}'을 모두 개발하려고 한다. 나는 트위터 팔로워들에게 각자의 회사에서 MVP를 어떻게 정의하는지 물어보았다. 여러 명이 답글을 달아주었는데 그중 한 명이 정리를 잘해주었다. "뭐든지 처음 출시된 프로덕트를 통해 개발된 것이 MVP라는 말을 다른 두 고객사로부터 들었어요."

바로 그런 사고방식은 우리를 개발 함정으로 이끈다. 기능을 빨리 내놓을 목적으로만 MVP를 사용하다 보면 그 과정에서 중요한 교훈을 얻을 절차를 무시하기 쉽다. 그래서 배울 수 있었던 많은 것을 놓치고 만다. MVP에서 가장 중요한 요소는 학습이므로 나는 항상 MVP를 '학습을 위한 최소한의 노력'이라고 정의한다. 그래야만 산출물이 아닌 성과를 중심에 둔 상태를 유지할 수 있다.

이 용어에 대한 오해가 많아 나는 MVP 사용을 아예 접었다. 그 대신 해결 방안 실험을 더 많이 활용한다. 해결 방안 실험은 기업의 학습 속도를 높이도록 설계되었다. 여기서 우리는 결실을 맺기 위해 기능을 개발하는 것이 아니라 학습하기 위해 실험한다. 안정적이고 탄탄하고 확장 가능한 프로덕트를 만드는 것이 아니다. 실험을 시작하는 시점에는 무엇이 최적의 해결 방안일지 모를 때가 많다. 그것이 바로 프로덕트 카타를 하는 이유다.

프로덕트 카타는 학습 기반을 다져주는 훌륭한 도구다. 항상 '다음에 배워야 할 것은 무엇인가?'라는 질문을 한다. 그 덕분에 우리는 방향을 잃지 않고 올바른 유형의 실험을 구상할 수 있다.

학습을 위한 실험 방법은 다양하다. 지금부터는 해결 방안 실험의 3가지 방식인 '대행', '오즈의 마법사', '콘셉트 실험'을 각각 간단히 설명하겠다.

이 3가지는 오래 지속되는 해결 방안을 도출할 수 있는 구조가 아니므로 고객들에게 공개하는 범위를 한정해야 한다. 어떤 실험을 하든 끝내는 방법, 즉 '마무리 짓는 법'을 생각하는 것이 중요하다. 고객 대상 실험에서는 기대치를 설정해야 그들을 만족시키고 실험의 실패 위험을 줄일 수 있다. 고객을 대상으로 실험하는 이유, 진행 방식과 종료 시기, 다음 단계 계획을 설명하자. 실험을 성공으로 이끄는 열쇠는 의사소통이다.

대행

마케틀리가 강사들을 상대로 진행했던 실험을 '대행' 실험이라고 한다. 대행 실험은 최종 결과물을 수동으로 만들어 고객에게 제공하는 방식으로, 실제로 적용할 수 있는 방안은 전혀 아니다. 고객들은 기업이 결과물을 자동으로 생성하지 않고 직접 만들고 있다는 것을 안다. 나는 코드를 짤 필요가 없고 빠르게 시작할 수 있는 이 방식을 좋아한다. 고객들과 긴밀히 협력하므로 의견을 많이 받을 수 있고 촘촘한 학습고리가 생긴다.

대행 실험은 특히 B2B 기업이 관심을 가질 만하다. 많은 기업이 이런 식으로 출발하기 때문이다. 즉, 고객사의 일을 대신해주다가 나중에 자동화하는 것이다. 코드로 이루어진 기능보다 서비스를 반복 수행하는 것이 훨씬 빠르고 저렴하다. 나는 프로덕트 매니저로 일하던 시절 대행 실험을 통해 고객에 대해 배우곤 했다.

한 SEO 기업에서 우리는 엑셀을 이용해 기업의 키워드 순위를 예측하는 프로그램 샘플을 만들었다. 직접 만든 스프레드시트를 일부 고객사에게 보내 반응을 측정했다. 그 결과 그들이 가장 통제하고 싶어하는 요인은 어떤 유형이고 확실성이 어느 정도일 때 안심하는지 배웠다. 한 달 동안 스프레드시트를 이용한 끝에 그 기능을 실제로 개발해 사용자들에게 공개하고 큰 호응을 얻었다.

대행 실험은 매우 강력한 도구가 될 수 있다. 단, 노동집약적 방식이어서 규모를 확대할 수 없다는 점에 주의하자. 필요한 만큼의 사용자를 대상으로 실험해 그들과 주기적으로 소통하고 의견을 많이 받고 그 정보를 활용해 반복작업한다. 마케틀리처럼 정해진 기간 동안 사용자를 몇 명이나 소화할 수 있는지 계산하자. 해결 방안을 확장해 더 많은 사람을 상대할 수 있는지 알아보는 단계가 되면 다른 유형의 실험을 해야 한다.

오즈의 마법사

더 넓은 사용자층의 의견을 받기 위해 내가 제안하는 방식은 '오즈의 마법사'다. 대행 실험과 달리 오즈의 마법사 실험은 실제로 완성되어 출시된 프로덕트처럼 보이고 느껴진다. 화면 뒤에서 모든 일이 수동으로 이루어진다는 사실을 고객은 모른다. 오즈의 마법사에서처럼 누군가가 모든 것을 조종하고 있다.

바로 자포스^{Zappos}가 오즈의 마법사 방법으로 서비스를 시작했다. 창립자 닉 스윈먼$^{Nick\ Swinmurn}$은 사람들이 인터넷에서 신발을 정말 살지 보고 싶어 워드프레스에서 간단한 웹사이트를 만들었다. 방문자들은 인터넷으로 신발을 보고 살 수 있었지만 그 뒤에 있는 사람은 닉 혼자였다. 주문이 들어올 때마다 그는 혼자 온갖 뒤치닥거리를 하고 백화점에 가 신발을 사고 택배사에 가 직접 배송했다. 기반시설도, 신발 재고도, 전화를 받아주는 직원도 없었다. 창립자 혼자 앉아 주문을 기다리는 페이지가 다였다. 주문이 들어오면 그가 나가서 처리했다. 그는 그런 방식으로 사이트 전체를 구축하지 않고도 온라인으로 신발을 사려는 수요가 있다는 것을 확인했다. 이것이 오즈의 마법사다.

이 방식은 규모에 대한 의견을 얻고 싶을 때 효과적이다. 나는 온라인 쇼핑몰 기업에서 일할 때 구독 서비스 가설을 이런 방식으로 증명한 적이 있다. 당시 운영 책임자가 현재 보유한 제품의 판매량을 늘릴 좋은 아이디어를 냈다. 아마존이 원클릭 구독 서비스를 막 도입할 무렵으로 운영 책임자는 우리도 그 서비스를 도입하는 게 좋겠다고 생각했다. 우리 사이트에는 사람들이 매달 재주문해야 하는 품목이 많았다. 단백질 가루, 비타민, 영양제 등이 그 예다.

그는 내게 가져온 아이디어를 시행하려면 얼마나 많은 일을 해야 하는지 알아봐달라고 부탁했다. 안타깝게도 우리가 이용하던 타사의 배송관리 시스템은 구독 기반 제품을 지원하지 않았고 직접 개발하려면 엄청난 노력이 필요할 것으로 예상되었다. 우리는 기능을 제대로 개발하는 데 드는 대략적인 비용을 계산해보고 오즈의 마법사 실험을 진행하기로 했다. 구독 서비스를 실시하면 그 수고에 걸맞은 수익이 들어오는지 알아보기 위해서였다.

그런 다음 구독할 만한 제품을 전부 복사하고 상품명에 '구독'이라는 단어를 넣었다. 결제 화면에는 간단한 PDF 동의서를 넣었다. 고객에게는 평범한 구독 제품처럼 보였지만 화면 뒤에서는 고객 서비스 팀이 그 제품들의 주문 건을 모아놓고 매달 재주문하고 있었다. 4개월간의 판매 추이를 살펴본 결과, 두 달째나 석 달째에 구독을 취소하는 사람들이 많았다. 이상한 일이었다. 그 제품을 계속 쓰려면 재주문을 해야 할 텐데 구독을 취소했으니 말이다.

그 이유를 알아보기 위해 고객 몇 명과 이야기나눈 결과, 공통적인 문제가 나왔다. 고객들은 "제가 사는 제품을 제가 직접 통제한다는 기분을 느끼고 싶은데 이제 구독 중인 제품이 너무 많아요. 그냥 직접 재주문을 넣는 게 낫겠어요."라고 말했다. 그 사실을 알게 된 우리는 다른 방식을 시도했다. 재주문해야 할 제품을 구매하는 사람들에게 매달 간단한 이메일을 보내는 것이었다. 매출은 급상승했다! 그리고 처음부터 개발에 뛰어드는 대신 간단한 실험을 해본 덕분에 10만 달러 이상의 개발비용을 아낄 수 있었다.

기업들은 오즈의 마법사 실험을 오랫동안 지속하고 싶은 유혹을 느끼곤 한다. 고객들에게는 진짜 서비스처럼 느껴지기 때문이다. 하지만 화면 뒤에서 모든 일을 수동으로 하는 것은 현명한 생각이 아니다. 취하고 싶은 방향이 정해지면 정식 해결 방안을 생각하거나 다른 실험 형태로 넘어가야 한다.

오즈의 마법사를 A/B 테스트와 같은 기술과 결합하는 방법도 있다. A/B 테스트는 새 아이디어가 반영된 페이지로 일부 방문자를 보내놓고 현재 상태의 페이지와 비교해 지표에 변화가 있는지 알아보는 것이다. 오즈의 마법사 실험 없이도 A/B 테스트를 진행해 웹사이트의 새 디자인이나 메시지를 실험해볼 수 있다.

하지만 A/B 테스트를 사용할 때 주의할 점도 있다. A/B 테스트를 하면 안 되는 2가지 상황이 있다. 해결 방안의 방향성을 아직 확신하지 못하는 경우와 페이지 방문객 수가 부족해 통계적으로 유의미한 결과를 낼 수 없는 경우다. 후자라면 콘셉트 테스트 같은 기법으로 의견을 얻을 수 있다.

콘셉트 실험

'콘셉트 실험'은 고객과 직접 접촉하는 소통에 더 중점을 둔 해결 방안 실험 방법이다. 사용자에게 시연해 보이거나 콘셉트를 보여줘 반응을 측정하는 것이다. 랜딩 페이지, 저충실도 와이어프레임, 고충실도 프로토타입이나 서비스 작동 방식을 보여주는 영상 등 실험 방법은 다양하다. 최대한 빠르고 간단한 방법으로 문제 해결 아이디어를 제시해 메시지를 전달하는 것이 핵심이다.

이 실험 유형은 평가적이기보다 생성적인 편이다. 문제 연구 단계와 마찬가지로 생성적 해결 방안 실험은 해결되어야 하는 문제 자체를 더 잘 인지하게 해준다. 콘셉트를 사용자에게 보여주면서 그들이 문제를 겪는 당사자가 된 것처럼 생각해달라고 요청하고, 실험에서 제시된 방안으로 문제가 해소될 거라고 생각하는지 물어본다.

가설을 확실히 실험하기 위해 평가적 실험을 하고 싶다면 고객에게 콘셉트 인터뷰를 할 때 확고한 통과·탈락 기준을 세워두어야 한다. 나는 이것을 '요청'이라고 부른다. 이것은 프로덕트 매니저가 사용자로부터 필요로 하는 뭔가를 말하며 헌신, 금전적 가치, 시간, 기타 고객의 관심을 확인할 수 있는 투자물 형태를 띤다. 랜딩 페이지에는 거의 항상 아이디어가 제시되어 있고 이메일 주소를 입력하는 형태의 요청이 들어 있다.

초기 단계의 많은 기업이 콘셉트 테스트로 초기 매출을 올리거나 자본금을 확보한다. 드롭박스^{Dropbox}는 이런 식으로 첫 투자를 받았다.[1] 창립 초기 드롭박스는 여러 대의 컴퓨터와 인터넷 상에서 사용자의 문서들을 손쉽게 동기화할 수 있게 해주면 사용자들이 겪는 문제가 해결될 것으로 예상했다. 사용자들은 분명히 큰 불편을 겪고 있었지만 드롭박스는 투자자들에게 해결 방안을 설득하느라 애를 먹었다. 드롭박스 작동 방식을 아무리 설명해도 투자자들은 비슷한 서비스가 많다는 말로 아이디어를 묵살했다. 문제 해결 방안을 아무리 열심히 설명해주어도 투자자들은 서비스가 작동하는 모습을 상상해보지 않았다.

그래서 해결 방안 실험을 하기로 했다. 드롭박스의 작동 모습을 시연하는 간단한 영상을 만든 것이다. 실제 데모나 프로토타입을 만드는 대신 영상을 만들어 서비스가 어떤 모습인지 투자자들에게 시연했다. 완성된 프로덕트는 아니었지만 실제 데모처럼 보였다. 그 영상을 본 투자자들의 반응은 격렬했다. 그들의 눈에 비친 드롭박스는 마법이었다. 드롭박스는 자금을 확보함은 물론 프로덕트가 올바른 방향으로 가고 있다는 것도 확인할 수 있었다.

혹독한 실험이 불필요한 이유

얼마 전 워크숍에서 한 프로덕트 매니저가 내게 물었다. "이 실험을 해야 하나요? 쉽게 고칠 수 있는 문제라면요?" 정답은 '아니오'다. 대행, 오즈의 마법사, 콘셉트 실험은 모두 훌륭한 기법이지만 여러 콘셉트를 혹독하게 실험할 필요가 없을 때도 있다. 명심하자. 이 도구들은 불확실성이 높기 때

---

1   〈테크크런치(TechCrunch)〉의 "최소 기능 제품으로 시작된 드롭박스 출발하기(How DropBox Started as a Minimal Viable Product)" https://tcrn.ch/2Pnolfp.

문에 문제 해결 아이디어의 위험도가 높을 때 사용한다.

예를 들어, 나는 사무실 헬프데스크에 걸려오는 전화 연락을 줄이는 방법을 실험 중인 팀과 일한 적이 있다. 그들은 사용자가 찾는 버튼이 화면에 표시되지 않는 문제를 발견했다. 그들은 이 방법론을 충실히 따르면서 A/B 테스트를 실시했다. 해당 버튼이 들어간 화면을 참가자 절반에게 보여주고 변화를 측정한 것이다. 나는 그들에게 올바른 접근 방식이 아니라고 일러주었다. 문제와 해결 방안을 이미 알고 있었기 때문이다. 이제 실행할 시간이다. 군이 실험부터 할 필요는 없지만 해결 방안을 도입한 다음 걸려오는 전화 수가 줄었는지 측정해보아야 한다.

때로는 문제 해결 방안이 버튼을 넣는 것처럼 딱 떨어지거나 다른 예시들처럼 모호하지 않을 수도 있다. 그런 경우에도 서둘러 완벽한 해결 방안을 내려고 하는 대신 학습용 실험을 개발해야 한다. 하지만 프로토타입과 같은 다른 도구를 활용할 수도 있다.

'프로토타입'은 가장 흔히 사용하는 테스트 도구다. 특정한 사용자 흐름이나 기능이 사용자의 문제를 해결해 그들이 원하는 결과를 얻게 해주는지 알아볼 때 사용한다. 프로토타입은 코드가 필요없고 화면들을 연결해 실제 사용자 흐름처럼 보이게 해주는 소프트웨어가 많다는 점에서 유용한 도구다.

디자인 스프린트는 디자인에 돌입하기 전에 방대한 사용자 연구를 하는 방식이다. 프로토타입을 만들 때 이 방식을 따르지 않으면 어떤 문제를 제대로 이해하지 못한 상태에서 해결하려다가 꼼짝달싹 못하기 쉽다. 문제의 타당성을 검증해야 한다면 프로토타입은 적절하지 않다. 겉보기에만 그럴듯하고 필요한 정보 습득에는 도움이 안 되는 번드르한 디자인을 만드느라 시간을 허비하는 것이다. 그래서 해결 방안을 실행하기 전에 문제를 먼저 탐구해야 하는 것이다.

어떤 실험 유형이든 반드시 적합한 맥락에서 적절히 이용해야 한다는 점을 명심하자. 하지만 먼저 대응해야 할 문제들을 명확히 파악하기 위해 다양한 실험 방식을 창의적으로 고안하고 그 다음으로 문제 해결 아이디어에 집중할 수도 있다. 창의력을 발휘하자! 이 학습 단계의 최대 목표는 결실을 맺지 않는 것이다.

복잡한 업계에서 실험하기

학습용 실험 개념을 소개할 때 흔히 나오는 반응은 이렇다. "좋은 생각 같지만 저희 회사에서는 못해요." 이건 틀린 말이다.

물론 모든 업계가 랜딩 페이지나 오즈의 마법사 기법의 이점을 누릴 수 있는 것은 아니다. 이런 방식은 소비재에 가장 적합하기 때문이다. 하지만 우리는 겨우 2가지 실험 방식만 알아보았다. 바람직한 실험을 통해 학습을 할 수 있다면 제약 안에서도 언제든지 방법을 찾을 수 있다. 몰랐던 것을 아는 상태로 만드는 실험은 위험을 줄여주고 은행처럼 거대하고 관료주의적인 기업이나 항공업계처럼 제품개발 기간이 긴 업종에 적합하다. 학습하지 않아도 된다는 핑계는 없다.

아무리 워터폴 모델에 가까운 프로젝트라도 실험할 여지는 있다. 우주왕복선을 개발한다고 가정하자. 그렇게 복잡한 시설을 건설하려면 시간이 오래 걸리고 장비도 개발해야 하지만 실험할 여지는 있다. 예를 들어, 비행기 패널이 엔진의 열을 잘 견디는지 확인하는 실험이다. 가설을 세우고 실험하고 적절한 재료 배합을 찾을 때까지 그 과정을 반복한다. 그렇게 찾은 배합으로 우주왕복선에 들어갈 부품을 만든다. 어떤 업종에서든 이런 식으로 제품개발에 접근해야 한다.

2014년 나는 런던의 기브비전GiveVision이라는 회사에 자문해주면서 웨이라Wayra 액셀러레이터에서 스타트업들을 위한 멘토 활동도 하고 있었다. 기브비전의 사명은 시각장애인이 앞을 '볼' 수 있도록 세상이 돌아가는 모습을 읽어주고 인지해주고 알려주는 안경을 제공하는 것이었다. '이 사람들은 말 그대로 세상을 구하고 있네. 나는 뭘 하고 있는 거지?' 나는 이런 생각을 뒤로하고 그들과 마주 앉아 제품 개발 과정에 대한 이야기를 들었다. 알고 보니 그들의 안경 개발에는 수 년의 시간이 걸렸다. 외주업체와 함께 소프트웨어를 개발해야 했는데 안경에 적용된 코드는 쉽게 변경할 수 없어 반복작업을 할 수 없고, 한 번 설치된 소프트웨어는 업데이트할 수도 없었다. 나는 창립자들에게 위험이라는 개념과 실험으로 위험을 덜어내는 방법을 설명했다. 그들에 따르면 안경에 프로그래밍할 수 있는 옵션이 너무 많고 그중 어느 옵션이 가장 가치가 있는지 확인해줄 사람이 없다는 점이 최대 위험 요소였다. 그래서 실험에 돌입했다.

한 달 후 그들은 놀라운 진척을 보여주었다. 잠재적 사용자들이 무엇을 가장 신경쓰는지 알아내기 위해 기브비전은 몇 가지 시도를 했다. 먼저 시각장애인의 일상을 따라가면서 관찰하는 등의 많은 연구를 했다. 고객들이 어떤 점을 가장 불만스러워 하는지, 특정 난관에 어떻게 대처하는지, 어떤 종류의 정보를 원하는지 학습했다.

한 여성이 이렇게 말했다. "출근을 위해 매일 타는 버스가 있어요. 하지만 지금 정류장에 도착한 버스가 몇 번 버스인지 알 수가 없죠. 그래서 버스가 올 때마다 세우고 알아봐야 해요. 일단 버스에 타서 기사에게 몇 번 버스인지 물어보고, 제 버스가 아니면 바로 내립니다. 그럴 때마다 승객들의 한숨 소리가 들려요. 저 때문에 다들 출발을 못하고 있으니까요. 지금 오는 버스가 몇 번 버스인지 알 수 있으면 좋겠어요."

이런 이야기들이 쌓여갔다. 기브비전은 이런 제보와 관찰 결과를 바탕으로 안경을 통해 해결할 수 있는 중요한 문제를 알아냈다. 표지판(버스 번호 같은), 영양 정보, 화폐, 색상 등을 인식하는 것이 우선순위였다.

그 다음으로 답을 찾아야 할 질문은 '사용자가 만족스러운 방식으로 정보를 인식하고 알 수 있는 소프트웨어를 만들 수 있는가?'였다. 여기서 일이 복잡해졌다. 안경에 프로그램을 뭐라도 설치하려면 제조업체의 소요시간이 6개월가량 걸렸다. 기브비전은 이 일정에 맞추어 반복작업을 빨리 할 수 없었고 매번 신형 안경을 생산하는 비용도 무시할 수 없었다. 그래서 창의력을 발휘했다.

그들은 휴대폰 카메라가 안경 렌즈 역할을 대신하는 안드로이드용 프로그램을 개발했고 위치와 높이를 맞추기 위해 3D 프린터로 '안경'을 만들었다. 그 안에 휴대폰을 묶어 머리에 쓰니 사용자가 하루 종일 쓰고 다니면서 제품을 테스트할 수 있는 '안경'이 나왔다.

그림 18-1에서처럼 나도 직접 써보았다. 물론 바보처럼 보이지만 기능은 멀쩡했다! 그 안경을 쓴 채 돌아다니면 프로그램이 돈, 색상, 표지판을 인식해주고 함께 달린 헤드폰이 정보를 말해주었다. 굉장했다. 기브비전 사용자들은 투박하지만 이 새로운 경험에 열광하면서 소프트웨어에 사용된 답변의 유형, 위치, 타이밍 등 모든 것에 의견을 주었다. 이렇게 창의력을 발휘한 덕분에 기브비전은 몇 달, 몇 년이 걸리는 제조 과정을 거치지 않고도 많은 것을 알 수 있었다.

그림 18-1 기브비전의 실험

소프트웨어 개발 과정에서 보면 고객 측면의 위험이 줄어 그들은 안경에
설치할 소프트웨어 개발에 착수할 수 있었다. 6개월 후 첫 실험 제품을 초
월하는 실제 안경 프로토타입이 나왔다. 그 시제품 덕분에 자금을 조달하
고 실험도 더 많이 할 수 있었다.

학습은 위험을 줄여준다. 해결 방안 탐구의 목표는 의견을 신속히 얻는 것
이다. 의견을 얻는 데 시간이 너무 오래 걸리면 돈과 시간 모두 낭비된다.
잘못된 제품개발에 드는 기회비용은 너무 높다. 모든 업종과 제품에는 저
마다 모르는 요소가 있다. 창의력을 발휘해 그 미지의 요소에 어떻게 대응
하는가가 관건이다.

내부 프로덕트 실험하기

"내부용 프로그램에도 이 기법을 정말 사용해야 하나요?" 내가 종종 듣는
질문이다. 내 대답은 이렇다. "당연하죠."

나의 두 번째 프로덕트 매니지먼트 일은 앞에서 말했던 온라인 쇼핑몰 회사에서 모든 사내용 프로그램 개발을 감독하는 것이었다. 사실 프로덕트 매니저와 UX 디자이너 역할을 모두 소화했다. 그 시스템을 구축한 것이 결국 내 커리어의 전환점이 되었다. 그때까지 나는 고객들은 직원들끼리 프로그램을 볼 일이 없으니 사용자 경험이나 디자인이 전혀 중요하지 않다고 생각했다. 기능만 잘 돌아가면 될 일이었다.

그런 태도로 1년 동안 프로덕트를 개발하다가 예상치 못한 깨달음을 얻었다. 일주일 동안 거의 매일 재택근무한 적이 있었는데 왜 출근하지 않느냐는 상사의 물음에 나는 이실직고했다. "출근하면 제품을 대신 업로드해달라고 사람들이 줄줄이 찾아와서요. 프로그램을 어떻게 쓰는지 모르겠대요. 저도 제 할 일이 있는데 모두의 헬프데스크 노릇을 해줄 수는 없잖아요." 상사는 잠자코 듣더니 나를 보고 말했다. "직원들이 프로그램 사용법을 모르겠다고 하면 그건 멜리사 님의 책임이에요. 모르는 직원들 책임이아니라."

그 말이 맞았다. 나는 사용자들의 문제를 해결해주지 못하고 있었다. 오히려 내가 그들의 일을 힘들게 만들고 있었다.

나는 다른 프로덕트 매니저가 외부 사용자들을 대하듯이 업무에 접근하기 시작했다. 그들이 겪는 문제들을 문장으로 적고 사용자인 직원들과 함께 연구하고 기능을 실험하고 그들의 업무 방식에 깊이 관여하기 시작했다. 우리는 대행 실험과 콘셉트 실험을 실시하고 프로토타입도 많이 만들었다. 사용자들이 같은 건물에서 일하다 보니 다른 프로젝트보다 진행하기도 쉬웠다.

그렇게 업무 방식을 바꾸니 큰 변화가 생겼다. 사내 사용자들의 만족도가 높아지고 이 직책에 있으면서 직무 수행에 어려움을 느끼던 직원들의 이직률이 낮아졌다. 생산성도 높아지고 수시로 새 사람을 뽑지 않아도 되니 사업 운영비는 줄었다.

내부용 프로그램은 방치하기 쉽지만 사실 회사 운영에 중요한 요소이므로 다른 프로덕트와 마찬가지로 다루어야 한다. 개발 방향을 이해하고 문제를 진단하고 문제의 내막을 더 자세히 알아본 후 올바른 해결 방안을 알아내야 한다. 실험을 통해 가치를 입증해야 첫 번째 버전 개발과 최적화에 집중할 수 있다.

마케틀리에서 올바른 해결 방안 선택하기

한편, 마케틀리에서는 강의 게시율이 낮은 원인이 영상편집이었다는 사실을 검증했다. 이제 프로덕트 부사장인 카렌이 개입해 선택지를 평가할 차례였다. 상당한 투자가 필요하므로 카렌이 경영진에게 프레젠테이션해 결재를 받아야 했다. 나는 그와 함께 선택지들을 논의했다.

"개발할지, 협력사를 찾을지, 구매할지 결정할 문제예요. 서비스를 개발하거나, 정규직이나 프리랜서 영상편집자들을 고용해야 해요. 영상편집을 자체적으로 수행할 소프트웨어를 개발할 수도 있습니다. 아니면 사용자친화적인 영상편집 소프트웨어를 인수해서 우리 강사들의 플랫폼에 삽입할 수도 있습니다. 수익 측면에서는 마지막 선택지가 최고지만 강사들이 그 기술을 사용할 줄 모를 위험도 있습니다. 어떤 기술들이 나와 있는지 찾아봐야겠죠."

카렌은 크리스타의 팀이 실험 과정에서 발견한 문제 해결 요소들을 가진 다양한 영상편집 소프트웨어를 알아보았다. 조사 결과, 그들이 원하는 기능들을 갖춘 소프트웨어가 있었다. 배경음악을 찾아 삽입하고 영상들을 쉽게 이어 붙이고 별개의 오디오 트랙들을 동기화하고 영상에 자막을 넣는 등의 기능을 제공했고 인터페이스도 사용하기 간단했다. 그래도 사용자 측면의 위험은 남아 있었다. 카렌은 크리스타와 함께 다음 실험을 기획했다.

"사용자들이 이 소프트웨어를 사용해 직접 편집할 수 있을지 알아보아야 해요. 지난 번에는 우리가 편집을 전부 대신 해줬잖아요." 카렌은 크리스타에게 설명했다. "실험을 한 번 더 진행할 수 있을까요? 부다페스트에 있는 이 회사에서 만든 영상편집 소프트웨어를 사용자들에게 써보게 하고 곧잘 이용하는지 알아보는 거죠."

"네, 그게 좋겠네요. 처음 했던 것과 같은 테스트를 새로 진행해서 사람들이 그 편집 소프트웨어를 잘 사용하는지, 그렇게 해서 한 달 안에 강의를 게시하는지 알아보겠습니다."

강사 40명이 참여한 실험이 시작됐다. 새로 영입한 강사들과 기존에 강의를 게시해 호평을 받은 강사들이 뒤섞여 있었다. 마케틀리는 그들에게 30분 동안 영상편집 소프트웨어 사용법을 설명해주고 좋은 영상을 만드는 방법도 알려주었다. 그런 다음 소프트웨어를 직접 사용하면서 궁금한 점은 질문해달라고 부탁했다.

첫 주에 질문이 조금 나왔지만 팀에서 처리할 수 없는 질문은 없었다. 그 소프트웨어의 사용자 경험이 조금 복잡해 헷갈리는 경우는 많았지만 조금만 도와주면 강사들 스스로 해낼 수 있었다. 그 소프트웨어를 인수하면 인터페이스 디자인을 조금 손봐야 할 것 같았다.

3주 후부터 마케틀리에 강의가 게시되기 시작했다. 그 달 말까지 실험에 참여했던 강사 40명 중 30명이 강의를 올렸다. 대행 실험에서만큼 게시율이 높지는 않았지만 영상편집 소프트웨어를 사용하지 않는 강사들의 일반적인 게시율 25%보다 훨씬 좋은 성적이었다. 카렌은 실험이 성공했다고 보고 프로덕트 카타에서 나온 표 18-1의 데이터를 활용해 경영진에게 보여줄 경영 사례를 만들었다.

표 18-1 마케틀리 팀의 프로덕트 카타

현재 상태	무엇을 배워야 할까?	다음 단계	예상 결과	학습 결과
강의 게시율 25%, 두 번째 강의 게시율 10%	강사들은 강의 제작 과정에서 어떤 문제를 겪는가?	사용자 연구: 강사 20명	가장 큰 문제를 파악한다.	강의를 이전하기 어려움, 콘텐츠 불러오기, 음성 강의 옵션, 가격 책정 추천
강의 게시율 25%, 두 번째 강의 게시율 10%	콘텐츠를 시스템에 등록하는 과정에서 가장 큰 불만은 무엇인가?	강사 20명과 협력해 콘텐츠를 시스템에 업로드	강사들의 시간을 가장 많이 잡아먹는 가장 심각한 문제를 알아낸다.	영상편집이 강사들의 시간을 가장 많이 잡아먹는다.
강의 게시율 25%, 두 번째 강의 게시율 10%	대부분의 강사들이 영상편집에 문제를 겪고 있는가?	규모 확장 실험을 위한 설문	강사 100명 중 대부분이 영상편집에 어려움을 겪고 있다.	강사의 90%가 영상편집이 최대 걸림돌이며 2개월가량 걸린다고 답했다.
강의 게시율 25%, 두 번째 강의 게시율 10%	강사들의 영상편집 업무를 대신해주면 강의 게시율이 올라갈까?	대행 실험: 영상편집을 대신해준다.	강사 14명 중 10명이 한 달 안에 강의를 게시한다.	강사 12명이 그 달 말까지 강의를 게시했고 좋은 영상을 만드는 법에 대한 안내가 필요했다.
실험 참여 강사의 강의 게시율 75%, 일반 강의 게시율 25%	강사들이 영상편집 소프트웨어를 잘 사용해 우리가 규모를 확장할 수 있을까?	강사 40명이 부다페스트의 회사가 제작한 소프트웨어 실험에 참여	강사 40명 중 20명이 한 달 안에 강의를 게시한다.	강사 40명 중 30명이 한 달 안에 강의를 게시했다.

19장

해결 방안 개발과 최적화

"아시다시피 우리의 전략적 의도 중 2년 안에 개인사용자로부터 나오는 수익을 2배로 늘린다는 항목이 있습니다." 카렌은 마케틀리 경영진에게 말했다. "우리 사이트에서 수강생들의 관심도가 높은 분야의 콘텐츠 양을 늘리면 신규 회원 가입률을 2배, 기존 사용자 잔류율을 70% 늘려 개인사용자로부터 나오는 연간 잠재수익을 8백만 달러 늘릴 수 있다고 생각합니다. 크리스타의 팀은 우리 사이트의 콘텐츠 양을 늘리는 데 심각한 문제를 발견했습니다. 우리 사이트에서 강의를 만들기 시작해 게시하는 강사가 25%에 불과하고 두 번째 강의를 게시하는 강사는 겨우 10%라는 겁니다."

"뭐라고요? 정상이 아니네요. 수치가 그 정도인 줄 전혀 몰랐어요. 큰일이네요." CEO인 크리스가 소리쳤다.

"네. 암울하긴 하죠." 카렌이 고개를 끄덕였다. "주 원인은 영상편집이에요. 우리 강사들은 마케팅 전문가이지 영상편집자가 아니거든요. 그들은 영상편집에만 80시간 정도를 썼어요. 지난 달 이 문제를 해결하기 위해 소규모 실험을 두 번 실시했습니다. 쉽게 사용할 수 있는 영상편집 소프트웨어를 강사들에게 제공했더니 강의 게시율이 25%에서 75%로 늘었어요. 새로 제작된 이 강의들이 기존에 결제했던 수강생들을 다시 끌어모으는 추세도 엿볼 수 있었습니다."

"조짐이 무척 좋네요. 모두 그런 성과를 내게 하려면 우리가 뭘 해야 하나요? 실험하셨던 것을 모든 강사에게 적용할 수 있을까요?" CTO가 물었다.

"재무적으로 보면 모든 강사에게 소프트웨어 사용권을 줄 여력이 안돼요. 투자수익률이 그만큼 나오지 않습니다. 그리고 영상편집 기능을 자체적으로 개발하려면 1년 후에야 첫 번째 버전이 나올 겁니다. 우리가 실험에 사용한 소프트웨어를 만든 회사는 부다페스트에 있는데 저는 그 회사를 인수할 것을 제안합니다. 그러면 그 기술을 우리 플랫폼에서 원활히 작동하도록 통합할 수 있어요. 그들의 기술 상태가 좋으면 몇 달 안에 첫 버전을 출시할 수 있을 거예요. 그 전까지는 단기 계약을 맺어서 사람들을 도와줄 수 있고요." 카렌이 말을 마쳤다.

"그렇게 하는 데 위험 요소는 뭐죠?" CFO가 물었다.

"위험 요소는 대부분 제거했어요." 카렌이 대답했다. "실험을 먼저 한 덕분에, 적절한 프로그램만 주어지면 강사들이 직접 영상편집을 할 거라고 판단할 수 있었습니다. 이 부다페스트 회사의 소프트웨어처럼 말이죠. 그랬더니 실제로 강의가 게시됐죠. 그래서 강사들의 관점에서 볼 때 영상편집은 우리가 해결할 가치가 있는 문제이고 지금 제시하는 해결 방안이 효과적일 거라고 확신합니다. 사업적 관점에서 회사 인수 비용을 계산한 결과, 잠재 투자수익률이 높았어요. 우리 개발팀이 힘을 덜 들이면서 서비스 출시 일정을 앞당길 수 있을 겁니다."

"맞는 말이네요. 훌륭해요." 크리스가 말했다. "저도 이 문제를 해결하고 싶어요. 경영진끼리 다시 모여 진전을 위한 최상의 방안을 결정하도록 하죠. 그 동안 그 부다페스트 회사와 접촉해 협력관계를 맺고 소프트웨어 사용권을 대량 구매할 수 있는지 알아봅시다. 우리 강사들이 쓸 수 있도록 말이죠. 이 방법이 효과적이면 모두 사용하게 해야죠."

2개월 후 마케틀리 팀은 부다페스트 회사에 인수 의사를 타진했고 한 달후 거래가 성사됐다. 크리스타의 팀은 강사 플랫폼에 영상편집 소프트웨어를 통합하는 방안을 구상했다.

"우리의 영상편집 소프트웨어는 강사들에게 흥미로운 강의 영상을 가장 빨리 가장 간단히 만드는 기능을 제공합니다." 크리스타는 팀원들에게 말했다. "강사들이 직접 찍은 영상과 외부에서 구한 영상을 이어 붙이고 외부 오디오를 동기화하고 배경음악을 찾아 삽입하고 화면에 자막을 넣을 수 있습니다. 강사들에게 매력적인 영상을 만드는 실용적인 팁과 요령도 알려주어야 할 겁니다. 그런 다음 완성된 영상을 손쉽게 올릴 수 있게 해야죠."

맷은 강사들이 플랫폼 사용법을 이해할 수 있도록 초기 고객 경로와 간단한 프로토타입을 만들고 영상 소프트웨어 후반부가 마케틀리 시스템에 통합되자 그 프로토타입을 실험해보았다. 그 다음에는 의견을 받고 어디서 출발할지를 정했다. 맷은 크리스타의 방안과 자신의 와이어프레임을 결합해 '북극성'이라는 별명의 문서를 작성했다.

이 팀은 베테랑 프로덕트 매니저이자 컨설턴트인 제프 패튼Jeff Patton이 만든 스토리 매핑Story Mapping 기술을 사용했다. 모두 업무를 이해하고 첫 출시를 위한 작업을 우선시하기 위해서였다. 그런 다음 첫 번째 버전에서 덜 중요한 몇 가지 요소를 덜어내 업무 우선순위를 정했다.

"그래요. 첫 번째 버전을 위해 할 일들이 정해진 것 같네요. 시스템 통합을 위해 지금까지 해온 작업이 있으니 한 달 안에 완성할 수 있을 겁니다." 리치가 말했다.

"그리고 첫 번째 버전의 성공 기준을 계산해봤어요."

- 현재 강의를 제작 중이거나 강의를 시작하는 강사들의 75%가 한 달 안에 사용
- 강의 게시율이 25%에서 최소 60%로 상승
- 신규 강의 제작 기간을 3개월에서 1개월 이하로 단축

"리치, 첫 출시 버전에서 이 수치들을 측정할 수 있을까요?" 크리스타가 물었다.

"물론이죠. 분석 프로그램을 준비해놓고 이 수치들을 계속 추적할 겁니다." 리치가 대답했다.

"훌륭해요. 저는 강사지원팀, 마케팅 팀과 협력해 강사들에게 새 프로덕트를 알리고 사용법을 교육할게요." 크리스타가 말했다.

기능이 개발되는 동안 맷은 강사 몇 명을 선정해 화면 테스트를 진행했다. 강사들이 이 소프트웨어를 활용해 자신의 콘텐츠를 작업할 수 있는지 알아보기 위해서였다. 첫 출시일까지 반복작업은 계속됐다.

자신감을 얻은 그들은 강사들에게 새 영상편집 기능을 공개하고 반응을 기다렸다. 일주일 만에 기능을 사용하는 강사가 늘기 시작했다. 그들은 주기적으로 강사들에게 연락해 새 기능을 어떻게 쓰고 있는지 알아보았다. 몇 가지 문제가 있어 다음에 출시할 때 우선적으로 보완하기로 했지만 전반적으로 순조롭게 작동하는 것 같았다.

한 달 후 수치들을 취합해 크리스타는 성공 지표와 비교해보기로 했다. "영상편집 기능 사용률이 목표치에 비해 많이 부족해요." 크리스타가 팀원들에게 말했다. "첫 달에 새 소프트웨어를 사용한 강사가 60%에 불과합니다. 이 60% 강사들의 강의 게시율은 75%로 기존 게시율을 뛰어넘고 있어요. 강사들이 새 기능을 왜 이용하지 않았는지 파악해야 하니 지난 달에 이용하지 않은 강사들에게 연락해 그 이유를 알아봅시다."

나는 팀원들이 자리를 뜬 후 크리스타에게 가서 말했다. "문제 진단을 계속하시는 점이 좋네요. 프로덕트 카타가 가르쳐준 것처럼요." 그는 대답했다. "제 사고방식이 이렇게 바뀌었는 걸요! 이제 그 화이트보드도 필요없어요. 문제가 뭔지, 무엇을 알아내야 하는지 그냥 계속 찾는 거죠."

"바로 그게 프로덕트 카타예요. 정말 많이 발전한 걸 보니 저도 기쁘네요. 지금처럼 계속하시면 돼요."

팀원들은 목표를 달성할 때까지 새 영상편집 기능에 대한 같은 과정을 반복했다. 몇 달 후 나온 결과는 훌륭했다. 게시율은 75%였고 강사들의 만족도도 높아졌고 두 번째 강의 게시율도 높아졌다. 모두 성공을 가리키는 결과였다.

프로덕트 비전 진화시키기

크리스타가 이끄는 팀은 프로덕트 비전을 향한 과정을 반복하면서 확장 가능하고 성공적인 해결 방안을 찾았다. 전략을 설명하면서 언급했듯이 프로덕트는 실험을 통해 진화했다. 처음부터 기능들을 만들라고 지시했다면 고객들에게 정말 유용한 해결 방안을 찾지 못했을 것이다. 아직도 강의 제작 작업 흐름을 새로 설계하느라 골머리를 썩고 있었을지도 모른다. 알고 보니 가장 큰 문제를 품고 있었던 그 기능 말이다.

프로덕트 비전을 위한 방향을 설정하면 모든 구성원이 맥락과 해야 할 일을 이해하도록 만들어야 한다. 스토리 매핑과 북극성 문서는 모두 비전을 중심으로 팀들을 정렬시키는 방법이다.

북극성 문서는 팀과 회사 전체가 시각화할 수 있는 방식으로 프로덕트를 설명한다. 해결하기 위해 노력 중인 문제, 제안하는 해결 방안, 성공에 영향을 미치는 해결 요인, 프로덕트가 도출할 결과를 모두 기록한다.

북극성 문서는 광범위한 대상에게 맥락을 알려주기 좋으며 시간이 흐르고 프로덕트를 더 알아가면서 계속 발전시켜야 한다. 이 문서는 시행 계획이 아니라는 것을 명심하자. 여기에는 프로덕트를 어떻게 개발하겠다는 내용이 들어가지 않는다. 그것은 스토리 매핑으로 확인한다.

스토리 매핑은 팀들이 업무를 분류하고 목표를 중심으로 정렬하도록 도와준다. 이 기법을 고안한 패튼은 이렇게 말했다. "스토리 매핑의 목적은 팀원들의 업무, 가치 전달을 위해 해야 할 일을 알려주는 겁니다." 크리스타의 팀은 스토리 매핑을 이용해 성공적인 해결 방안을 제공하기 위해 필요한 모든 요소를 고민했다. 그 과정에서 원하는 각 조치를 사용자 관점에서 분류했다.

팀 전체가 향후 방향을 함께 이해한다면 프로덕트 개발 속도를 높여 고객에게 가치를 더 빨리 전달할 수 있다. 그것을 포기할 수는 없다.

개발 방향에 대한 합의가 이루어져 있으면 프로덕트의 버전 1로 돌아가는 것도 쉬워지지만 스토리 매핑을 효과적으로 활용하려면 출발점은 항상 큰 그림, 즉 북극성이어야 한다. 그렇지 않으면 의지할 기반이 없어 개발 함정에 빠지고 만다.

업무 우선순위 정하기

버전 1을 만들려면 업무 우선순위를 정해야 한다. 앞에서 말했듯이 우선순위 설정은 대부분의 프로젝트 매니저에게 가장 중요한 사안이다. 이득 매핑, 카노 모형 등 우선순위 설정을 도와주는 프레임워크는 많지만 내가 가장 좋아하는 것은 지연비용이다. 전략적 관점에서 원하는 결과를 이해하면 지연비용을 계산해 시장에 먼저 내보내야 할 것을 결정할 수 있다.

책 『The Principles of Product Development Flow』(Celeritas, 2009)에서 저자 돈 라이넛센Don Reinertsen은 업무 우선순위 설정에서 지연비용의 중요성을 언급하면서 지연비용이야말로 수량화가 필요하다고 말했다. 지연비용은 달성하려는 결과에 시간이 미치는 영향을 보여주는 수치 값이다. 이 값에는 긴급성과 가치가 결합되어 있으므로 그 영향을 측정하면 무슨 일을 먼저 해야 할지 순서를 정할 수 있다.

프로덕트의 첫 번째 버진을 개발해 출시할 예정이라면 확보 가능한 가치의 양, 출시 범위, 세상에 내보내는 데 드는 시간 사이의 균형을 고려해야 한다. 이것은 최적화의 문제다. 범위를 충분히 줄여야 적절한 시기에 최대 가치를 확보할 수 있다.

출시 범위를 너무 넓게 잡아 너무 오래 기다리면 그동안 벌 수 있었던 돈을 놓치게 된다. 심지어 경쟁사까지 끼어들어 여러분의 시장을 낚아챌 수도 있다. 그러면 진입장벽이 높아지고 여러분은 경쟁사보다 훨씬 뛰어난 제품을 내놓아야 한다. 그렇다고 출시를 서두르기 위해 사용자에게 별 도움도 안 되는 부실한 프로덕트를 내놓을 수도 없다. 그러면 얼리 어답터들이 등을 돌릴 것이고 이미 실망한 사용자들의 마음을 되돌리기도 어렵다.

크리스타의 팀은 첫 번째 버전을 개발하면서 타사의 영상편집 기능을 넣을 때 발생하는 지연비용을 논의했다. 그 기능은 대부분의 사용자에게 핵심 요소가 아닐 뿐만 아니라 관련 코딩에만 1개월가량을 써야 하므로 넣지 않는 것으로 결론지었다. 기능 출시가 지연되는 시간만큼 강의가 게시되지 않을 것이므로 기능을 빨리 공개하는 것이 최선이었다.

각 제품의 수익 계산법이 궁금한 독자도 있을 것이다. 지연비용 전문가 외즐렘 유스Ozlem Yuce와 조슈아 J. 아놀드Joshua J. Arnold는 지연비용의 질적평가 방법을 고안했다. 그림 19-1을 보자.

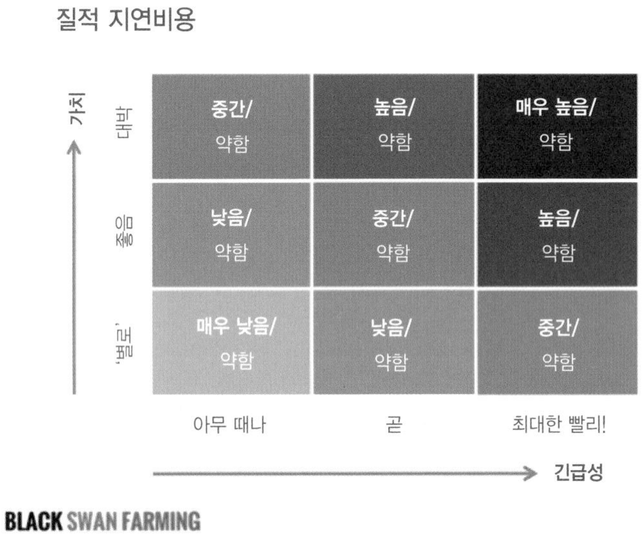

질적 지연비용

BLACK SWAN FARMING

그림 19-1 조슈아 아놀드와 외즐렘 유스의 지연비용 질적 평가(조슈아 아놀드와 외즐렘 유스의 허가를 받아 재인쇄)

이 상황에서 우리는 각 기능이나 기능 요소를 긴급성과 가치 측면에서 논의해야 한다. 긴급성이 높다는 것은 고객에게 그 기능을 제공하기 전까지 매 순간 목표를 달성할 기회가 사라지고 있다는 뜻이다. 고객의 필요를 충족시키지 못해 매주 고객이나 수익이 크게 감소하는 것이 그 예다. 가치가 높다는 것은 고객의 가장 중요한 문제를 해결해주거나 가장 큰 욕구를 채워준다는 뜻이다.

마케틀리의 경우, 긴급성과 가치가 가장 큰 기능은 오디오 추가와 영상에 이미지를 결합하는 기능이었다. 이 둘이 그들의 해결 방안에서 중요성이 큰 요소이므로 우선 처리하기로 했다. 나머지는 영상 연결 기능만 제외하면 모두 긴급성과 가치가 큰 축에 속했다. 영상 연결 기능은 사용하는 강사가 몇 명뿐이고 그 기능 없이도 훌륭한 영상을 만들 수 있었다. 긴급성과 가치가 작은 편이어서 첫 번째 출시 우선순위에서 밀렸다.

지연비용을 계산하면 우선순위 설정의 많은 논란이 해소된다. 지연비용을 더 알고 싶다면 블랙 스완 파밍(https://blackswanfarming.com/) 사이트에 들어가 적용 방법을 알아보자.

명심하자. 첫 번째 버전을 출시했다고 정말 일이 끝난 것이 아니다. 아직 목표를 달성할 일이 남았다. 이제 완료의 정의를 알아볼 순서다.

완료의 진짜 정의

애자일 개발에는 완료의 정의 개념이 있다. 스크럼 연합[Scrum Alliance]이 내린 정의는 '소프트웨어 제작에 필요한 가치 있는 활동 점검표'다.[1] 보통 프로덕트 출시에 필요한 기능 개발을 마치는 것을 완료라고 정의한다. 물론 이 개념은 팀원들이 필요한 일을 완수하도록 만들 때 유용하지만 기능이 완성된 상태에 대한 잘못된 기대를 심어주기도 한다.

---

1   다발 판찰(Dhaval Panchal)이 쓴 '완료의 정의는 무엇인가(What is Definition of Done(DoD)?', http://bit. ly/2Rjgh2i.

특정 기능 개발과 반복 과정을 완료했다고 볼 수 있는 시점은 목표가 달성된 순간뿐이다. 기능의 첫 번째 버전을 내놓은 다음 사용자들의 반응을 측정하지 않고 다음으로 넘어가는 경우가 종종 있다. 『Sense and Respond』(Harvard Business Review Press, 2017)의 저자 제프 고셀프Jeff Gothelf는 이렇게 말했다. "버전 2라는 것은 소프트웨어를 개발할 때 하는 가장 큰 거짓말이다." 이런 사고방식이 항상 개발 함정을 부른다.

일은 마케틀리처럼 해야 한다. 출시 전에 성공 기준을 세워놓고 그 기준에 도달할 때까지 지표를 측정하고 반복 시행하는 것이다. 다른 일을 할 때처럼 버전 1은 가설로 보아야 한다. 기능을 출시했는데 목표가 달성되지 않으면 기꺼이 전 단계로 돌아가 다른 것을 시도할 수 있어야 한다.

프로덕트 출시의 성공 기준이 있으면 프로덕트 카타를 적용해 지금까지 우리가 밟아온 과정을 반복할 수 있다. 성공 기준과 방향을 정하고 목표 달성을 가로막는 문제를 알고 실험을 통해 체계적으로 그 문제들을 헤쳐나간다.

새 기능을 개발할 때나 기존 기능을 최적화할 때나 과정은 같다. 새 프로덕트가 아니라 작은 기능을 개발한다면 문제 탐구 기간을 줄일 수 있다. 해결 방안 실험도 마케틀리에서처럼 긴 과정을 거칠 필요가 없을 수도 있지만 어떤 상황에서든 반드시 문제를 진단하고 해결 방안을 파악하려고 노력해야 한다.

이것이 의도에 따라 프로덕트를 개발하고 개발 함정에서 탈출하는 방법이다. 탄탄한 과정과 전략을 갖추고 회사가 바람직한 프로덕트 매니지먼트 활동을 뒷받침해주어야 한다. 크리스타의 팀이 성공한 것은 그럴 만한 환경이 갖추어져 있었기 때문이다. 그들은 고객과 이야기할 수 있었다. 팀원들은 결과를 중심으로 움직였고 경영진은 그 결과에 도달할 방안을 연구할 여지를 주었다.

이것이 프로덕트 중심 기업의 특징이다. 성공으로 가는 과정과 프레임워크의 역할은 제한적이다. 프로덕트 매니지먼트의 진정한 성공은 기업의 문화, 정책, 구조에서 나온다.

5부

프로덕트 중심 조직

역할
전략
절차
조직

프로덕트 중심 조직은 산출물이 아닌 성과를 이해하고 그것을 중심으로 구성되는 문화를 갖춘 것이 특징이며 그런 문화에는 결과물이 목표를 달성하는지에 따라 전략을 평가하는 기업의 리듬이 있다. 프로덕트 중심 조직은 학습하고 목표를 달성하는 구성원에게 보상을 준다. 경영진은 프로덕트 팀이 고객에게 더 가까이 다가갈 것을 권장하고 프로덕트 매니지먼트를 사업 발전의 중요한 직무로 여긴다.

"우리 생각에는 아이폰이 굉장해질 것 같아요. 지금보다 훨씬요. 휴대폰에 카메라 기술을 넣는 방법을 찾아보셔야 해요." 코닥에 의견을 제시하면서 우리 9명 모두 간절히 고개를 끄덕였다. 2008년 디지털 사진업계는 대전환점에 서있었다. 그후 코닥이 어떻게 되었는지는 많은 독자들도 알고 있을 것이다. 붕괴 과정이 착실히 기록되어 있기 때문이다. 나는 바로 그 현장에서 조직이 혁신을 계획하지 않을 때 무슨 일이 생기는지를 목도했다.

그보다 1년 전 코닥연구소는 코넬대학 혁신팀과 협력해 20대 초반 소비자가 좋아할 만한 신제품을 개발 중이었다. 나도 그 팀에 선발됐다. 코닥연구소는 이미지 시대에 어울리는 획기적인 혁신을 연구해야 했다. 당시 나와 코넬대학의 용감한 리더들은 무엇을 개발하든 소비자와의 대화와 문제 검증을 선행하는 신제품 개발 방식을 실험하는 중이었다. 코닥은 변화할 준비가 되어 있었다.

2007년 1월 9일 프로젝트 시작 몇 달 전 스티브 잡스가 첫 번째 아이폰을 발표했다. 휴대폰으로 인터넷을 할 수 있다는 사실에 모두 열광했지만 코닥은 한 기기에 인터넷과 카메라가 동시에 들어간다는 사실에 주목했다. 그것은 코닥의 사업을 위협하는 조합이었고 이미 붕괴 조짐이 보이고 있었다. 몇 년 전까지 디지털카메라는 신문물 축에 끼어 있었다. 카메라를 가져다니면서 추억을 남기고 장난스러운 장면도 찍을 수 있었지만 아이폰이 나오면서 우리는 덩치 큰 디지털카메라를 집에 두고 휴대폰을 카메라처럼 쓰기 시작했다. 더 편리하고 페이스북에도 사진을 바로 올릴 수 있었다. 코닥의 주력 분야인 디지털카메라와 필름 카메라 시장은 쪼그라들고 있었다.

'죽기 아니면 혁신' 상황이었다. 사람들은 잘 모르겠지만 그 중심에 나와 우리 팀이 있었다. 우리의 임무는 시장이 정말 원하는 것과 코닥이 만들 수 있는 것의 교차점을 찾는 것이었다. 우리는 회사의 나머지 부서들과 분리되어 있어 우리 연구실에는 큰 그림을 그리지 못하게 하는 걸림돌이 없었다. 우리는 관료주의나 경영진의 벽에 막혀 아이디어가 무산될 걱정 없이 임무에 충실할 수 있었지만 같은 이유로 코닥의 다른 분야의 실정에는 어두웠다. 우리가 하는 일이 회사 전체의 전략에 어떻게 부합할지 알지 못했다.

우리는 10대 후반과 20대 초반의 소비자를 공략 중이었다. 그들은 타 연령대보다 신기술을 빨리 받아들일 준비가 되어 있었기 때문이다. 메신저와 페이스북이 변화를 이끌었고 대학생들은 그 기술들을 거리낌없이 사용하고 있었다. 우리는 그것들이 최신기술이라는 점에 착안해 아직 충족되지 않은 요구사항을 채워줄 기회를 보았다.

우리가 걸어온 과정을 설명하기 위해 '시장주도 혁신'이라는 용어를 고안했다. 몇 달 동안 이 연령대의 사용자들을 인터뷰하면서 코닥의 혁신 기회를 찾았다. 특히 이 연령대는 실생활에서의 소통과 신기술의 소셜 기능이 어우러진 점이 흥미로웠다. 조사팀을 꾸려 일대일 대화를 진행해 그들의 행동양식, 관심사, 요구사항을 알아보고 그들이 겪는 문제에 뛰어들었다.

인터뷰하다 보니 금방 추세가 보였다. 우리의 타깃 사용자 집단은 보통 페이스북에 정보를 공유하는 데 집착했고 그 정보를 누군가가 볼까 봐 걱정이 컸다. 기술은 빠르게 진화했고 실제 생활에 어떤 영향을 미칠지는 아직 미지수였다. 토요일 밤 술에 취해 비틀거리다가 길에 주차된 차에 널브러진 사진을 직장상사가 보았을까? 아무도 모를 일이었다.

한편, 가장 잘나온 사진을 세상에 내놓을 통제권의 욕구가 있었다. "제 사진을 예쁘게 보정해 올리고 싶어요." 우리가 종종 듣는 말이었다. 당시 사용자들은 포토샵을 잘 다루는 친구에게 사진 보정을 부탁했다. 사진 품질이 더 좋았으면 좋겠다는 의견도 많았다. "휴대폰 카메라가 더 좋았으면 좋겠어요.", "디지털카메라 수준이면 좋겠어요. 그래야 카메라를 안 가지고 다니죠."

통제권, 사진 보정 기능, 카메라 품질개선 필요성 사이에서 코닥이 해결해 줄 수 있는 문제들의 완벽한 조합을 찾은 것 같았다. 그것은 코닥의 영역이 었고 사람들은 준비가 돼 있었다. 우리는 결과물에 꽤 자신감을 갖고 경영 진에게 발표를 시작했다.

"휴대폰에 카메라를 결합하는 기술을 진지하게 살펴보셔야 합니다." 우리는 이렇게 말하면서 코닥이 사진 보정 분야에 주목해야 한다고 설명했다. 코 닥은 이미 데스크탑 컴퓨터용 사진편집 소프트웨어를 만들어 놓았지만 우 리는 휴대폰에서 '즉시' 할 수 있는 간단한 사진 보정 기능을 제안했다. 그 기능이야말로 사람들의 마음을 사로잡을 거라고 보았다. 여기에 사진을 즉 시 공유하는 기능까지 더하면 엄청난 성공 기회가 엿보였다. 사진에 장소 를 태그하고, 보기좋게 정리하고, 사진을 볼 수 있는 사람을 통제할 수 있 었다.

그런 다음 코닥에 둘 중 한 방향으로 발전할 것을 제시했다. 자체 휴대폰을 개발해 애플, 블랙베리와 경쟁하거나 이미 성공한 휴대폰 제조사에 기술을 직접 제공하는 것이다. 우리는 그날 제대로 한 건했다고 생각하면서 코닥 사무실을 나왔다. 우리는 바로 잡아채면 되는 기회를 보여주면서 얼마나 시급한지도 알려주었다. 단순히 코닥을 도와주는 것이 아니라 우리가 진심 으로 원하는 프로덕트를 제안했다. 인터뷰에 응한 사람들만큼 우리 자신도 그 기능을 원했다.

그때의 제안은 이제 현실이 됐다. 우리는 사진을 빠르고 간단하게 보정해 SNS에 올릴 수 있다. 휴대폰 카메라 성능이 워낙 우수해 아무도 디지털 카메라를 쓰지 않는다. 사진에 장소를 태그하고 누구에게 어느 게시물을 보여줄지 설정할 수 있다. 다만, 그 기능들을 개발한 주인공은 코닥이 아니다. 인스타그램, 애플, 안드로이드, 페이스북이 해냈다. 그 발표 이후 무슨 일이 있었던 걸까?

우리가 코닥의 연락을 받은 것은 2012년 파산하기 전 단 한 번이었다. 그 프로젝트를 진행할 팀과 예산을 아직 찾는 중이라고 했다. 당시는 몰랐지만 그 후 10년 동안 다양한 기업에서 그런 양상을 보고 또 보았다.

코닥은 과감히 혁신을 추구했지만 조직이 앞길을 막았다. 전략적이라기보다 반응적인 태도를 취하면서 위협에 대응하기를 망설였다. 연구실의 소규모 팀을 분리한 탓에 기업의 미래를 고민할 인력이 충분히 확보되지 않았다.

우리 팀은 프로덕트 매니지먼트 발견 과정을 올바른 방식으로 진행했지만 사일로에 갇혀 있었다. 우리가 발견한 것을 온전히 실행할 수 있는 자원 없이 혁신센터에 떨어져 나와 있었던 것이다. 코닥은 우리가 세운 계획을 한 가지라도 실행하려면 예산을 새로 집행해야 했는데 연간 심사가 끝날 때까지 6개월을 기다려야 해서 그럴 수가 없었다. 2000년대 초부터 빠르게 혁신해온 세상에서 코닥은 성공을 위한 조직 철학을 수립하지 못한 상태였다.

코닥과 같은 길을 갈 위험이 있는 기업들이 많지만 프로덕트 중심 사고방식을 장착하면 그런 운명을 피할 수 있다. 이 책에서 나는 바람직한 프로덕트 매니지먼트 수행에 필요한 것을 설명했다. 올바른 사람들에게 올바른 역할을 부여하고 바람직한 프로덕트 전략으로 그들을 지원하는 것이 중요하다고 말했다. 그 다음에는 프로덕트 매니지먼트 과정에서 전략 달성을 위한 기회 포착 방법을 심층적으로 알아보았다.

하지만 그 과정만으로 개발 함정에서 벗어날 수는 없다. 코닥의 사례에서 보았듯이 고객을 이해하기 위해 노력하고 올바른 방향으로 연구를 수행하더라도 조직이 그런 활동을 지탱해주지 않으면 노력은 너무 때가 늦고 미약한 일이 되어버린다. 개발 함정에서 정말 벗어나려면 심리적, 실무적으로 프로덕트 중심 조직이 되어야 한다. 이번에는 의사소통, 문화, 정책, 보상 등 조직에서 바꾸어야 할 결정적 요소들을 알아보자.

20장

성과지향적 의사소통

다음 분기 사업검토 자리에서 카렌은 팀의 성과를 말할 수 있었다.

"이번 분기에 우리는 영상편집 소프트웨어를 출시해 사이트에 150개 새 강의가 올라오게 했습니다. 이 강의들은 모두 사용자들의 주요 관심 분야였습니다. 이 강의들이 올라온 후 회원가입률은 15%에서 25%로 늘었고 잔류율은 60%로 높아졌습니다. 목표 달성에 순조롭게 접근하고 있습니다. 이 전략적 의도를 중심으로 다른 팀들의 노력까지 더해진다면 1년 6개월 안에 목표를 조기 달성할 수 있을 겁니다."

경영진은 그 성과를 매우 인상 깊게 보았다. 한 해 동안 많은 변화를 감행한 결과, 효과가 보이기 시작했다.

1년 전 마케틀리는 개발 함정에 빠진 기업의 전형적인 사례였다. 프로젝트를 중심에 두고 무엇이든 CEO가 우선시하는 일부터 처리하도록 팀들을 굴렸다. 프로덕트 매니저는 없었다. 고객과 대화도 나누지 않고 소프트웨어를 완성해 내보내야 보상을 받았다. 그런 속성들이 흐려지고 고객을 중심에 두고 결과물을 지향하는 사고방식이 그 자리를 대신했다. 프로덕트 중심 조직이 되기 위한 마케틀리의 여정은 끝나지 않았지만 그 과정은 순조로웠다. CEO인 크리스는 그런 진척 상황을 보고 기뻐했다.

"놀랍네요." 분기 사업검토 회의가 끝나고 그가 내게 말했다. "뭘 기대해야할지 몰랐지만 확실히 나아졌다는 걸 알 수 있네요. 전에는 여간 애먹지 않았는데 아직 고칠 데가 있다는 건 알지만 이런 방식이 우리와 왜 잘 맞는지알 것 같아요."

나는 크리스에게 말했다. "마케틀리는 이 방식을 정말 잘 받아들이고 있어요. 이 변화를 통해 이만큼 발전한 기업은 많지 않은데 핵심을 간파하셨죠. CEO님도 그렇고 경영진이 성과를 이해하셨어요. 결과를 본다는 것의 의미를 알고 조직 전체를 전략에 정렬시키는 것의 이득을 볼 줄 아셨죠. 보통기업들은 그 단계에서 개발 함정에 빠지거든요. 성과를 끈기 있게 기다리지 못해 출시된 기능 개수를 기준으로 진척 상황을 측정하죠."

그는 대답했다. "솔직히 좀 안달이 났지만 진척 상황을 검토하는 회의가도움이 됐어요. 그 회의를 더 자주 열어 우리 회사의 성과와 활동을 투명하게 볼 수 있으면 좋겠습니다."

"물론 그럴 수 있죠." 나는 말했다. "리듬을 정렬하면 적절한 수준에서 적절한 사람들을 위해 일관된 일정에 따라 성과를 논의할 수 있어요. 로드맵을 더 표준화해 진척 상황과 다음 단계를 모두에게 보여줄 수도 있죠."

내가 보아온 기업들이 변화에 실패한 주요 원인을 하나 꼽자면 경영진이성과지향적 기업으로의 전환을 받아들이지 않은 것이었다. 경영자들은 결과를 내고 싶다고 말하지만 결국 기능 출시 여부를 성공 기준으로 삼곤한다. 왜 그럴까? 뭔가 움직이는 걸 보고 있으면 경영진과 팀이 모두 흡족해하기 때문이다. 사람들은 성취감을 느끼고 싶어한다. '할 일' 목록에서 다한 일에 선을 쫙 그으면 기분이 좋다. 하지만 그것만이 성공 측정 기준은 아니라는 것을 기억해야 한다. 그러므로 다양한 수준에서 진척 상황을 알려주고 그것을 소통하도록 도와주는 다른 방법들이 필요하다.

검토회의를 안 하면 크리스는 안달이 났다. 무슨 일이 진행 중인지 자신에게 의미 있는 방식으로 깊이 이해할 수 없었기 때문이다. 대부분의 경영진이 크리스와 같으므로 조직의 모든 수준에게, 각 수준의 청자에게 맞는 방식으로 진척 상황을 보여주는 의사소통 리듬을 갖추어야 한다.

리듬과 의사소통

조직에서는 눈에 보이는 것이 단연 중요하다. 경영진이 팀들의 현재 상황을 잘 보고 이해할수록 한발 물러나 팀들이 일하게 둘 수 있다. 11장에서 보았던 전략적 차이를 기억하는가? 진척 상황을 감출수록 지식 격차는 커진다. 경영자들은 더 많은 정보를 요구하고 직원들이 탐구할 자유를 빼앗을 것이다. 진행 상황을 투명하게 공개하면 자율적으로 활동할 자유를 키울 수 있다.

성과라는 형태의 진척 상황을 회사 전체에 지속적으로 알려주는 방법을 찾지 못해 이전의 나쁜 습관으로 되돌아가는 기업이 많다. 목표를 향해 나아가는 진척 상황을 보지 못하는 경영자는 곧 낡은 방식에 의존한다.

우리에겐 전략적 프레임워크에 맞는 의사소통 전략 리듬이 필요하다. 4단계 전략은 비전, 전략적 의도, 프로덕트 계획, 옵션이었다. 각 단계의 시간 지평은 다르며 각각을 향한 진척 상황을 그에 맞게 전달해야 한다.

내가 일했던 기업 대부분은 프로덕트 수준에서 진척 상황을 평가하고 전략적 결정을 내릴 때 주로 다음의 회의를 하고 있었다.

- 분기 사업 검토
- 프로덕트 계획 검토
- 출시 검토

분기 사업 검토 회의에서는 임원과 고위직으로 구성된 경영진이 전략적 의도와 재무적 성과를 향한 진척 상황을 논의한다. 이 시간에는 해당 분기 수익, 고객이탈률, 개발비용 및 운영비용 등을 검토한다. 마케틀리에서 카렌이 그랬듯이 프로덕트 계획을 실행한 성과가 전략적 의도를 어떻게 진전시켰는지 설명하는 역할을 최고 제품 책임자, 즉 CPO와 프로덕트 부사장이 맡는다. 기존의 전략적 의도가 완수되면 이 회의에서 새로운 전략적 의도를 도입한다. 새로 세운 제품 계획의 우선순위를 정하거나 자세히 파헤치는 자리는 아니다. 그런 일은 프로덕트 계획 검토 시간에 한다.

프로덕트 계획 검토는 분기 사업 검토가 없는 달에 할 수 있는 또 다른 분기 회의다. 이 회의는 프로덕트 개발 측면을 다룬다. CPO, CTO, 디자인 부서 리더, 프로덕트 부사장, 프로덕트 매니저가 참석한다. 이 자리에서는 옵션들의 진척 상황을 프로덕트 계획과 비교·검토하고 그에 따라 전략을 조정한다. 프로덕트 매니저들은 이 자리에서 전반적인 목표와 관련된 초도 실험, 연구, 최초 출시 결과를 이야기한다. 이 회의에서 새로 세운 제품 계획을 소개해 의견과 결재를 받을 수 있으며 프로덕트 개발 경영진으로부터 예산도 받을 수 있다. 프로덕트 팀은 첫 번째 버전을 개발하거나 기존 버전을 최적화하기 위한 자금을 요청할 수 있다.

출시 검토는 팀들이 지금까지 노력한 결과를 자랑하고 성공 지표에 대해 이야기할 기회다. 매월 기능 출시 이전에 회의를 열어 출시할 파이프라인에 무엇이 있는지 소개한다. 이 자리에서는 진행 중인 실험이나 연구가 아니라 출시가 확정된 프로덕트만 다뤄야 한다. 꼭 그럴 필요는 없지만 대부분의 임원이 이 회의에 참석해 고객에게 선보일 것을 확인한다. 이 시간을 이용해 마케팅, 영업, 경영팀에게 프로덕트 팀의 로드맵을 알려줄 수도 있다.

기억하자. 지금까지 소개한 회의들에서 모든 사항이 결정되는 것은 아니다. 이 회의는 진척 상황을 보여주고 조사가 필요한 부분에 이의를 제기하는 시간으로 보아야 한다. 의사결정은 주로 회의가 끝난 후 조치가 필요한 뭔가가 튀어나왔을 때 이루어진다.

로드맵과 영업팀

의사소통에 대해 이야기하자면 로드맵을 빼놓을 수 없다. 내가 '로드맵'이라는 말을 꺼낼 때마다 프로덕트 매니저들은 저절로 몸을 움찔한다. 기업들은 로드맵을 두고 허우적거린다. 그들은 과거에 간트 차트를 만들어놓았고 그 차트들은 기본적으로 '1월 18일까지 이 기능을 공개하고 3월 20일까지 이 기능을 공개한다'라는 식이기 때문이다. 많은 로드맵이 고객에게 모종의 약속을 해놓아 꼼짝달싹 못하거나 대체될 수 없는 상태다. 그러다가 어느 순간 벌려놓은 일에 비해 실망스러운 결과를 내고 있다는 사실을 깨달으며 머리를 싸맨다.

로드맵을 간트 차트라고 생각하지 말고 전략과 프로덕트의 현재 단계를 설명하는 수단으로 바라보자. 그러면 전략적 목표가 업무 주제, 그로부터 새로 생기는 프로덕트 상품과 결합된다. 그러려면 특히 팀 수준에서 프로덕트 로드맵을 꾸준히 업데이트해야 한다. 그래서 내가 운영하는 프로덕스랩Produx Labs에서는 이것을 '살아있는 로드맵Living Roadmap'이라고 부른다.

로드맵은 한 번만 만들어놓으면 아무 데나 척척 적용할 수 있는 것이 아니다. 프로덕트 팀 내부에서 불확실성에 대해 이야기하는지, 영업팀에서 고객들에게 홍보할 기능에 대해 이야기하는지에 따라 소통 방식을 바꾸어야 한다. 듣는 사람을 고려해 의사소통을 구성하자.

로드맵 설정 방법을 정할 때 참고할 만한 자료로 C. 토드 롬바르도[C. Todd Lombardo]와 브루스 매카시[Bruce McCarthy]가 쓴 『Product Roadmaps Relaunched』(O'Reilly Media, 2017)을 소개한다. 이 책은 훌륭한 로드맵을 만드는 방법을 알려주는 심층적이고 실용적인 지침서다.

로드맵을 구성하는 핵심 요소는 주로 다음과 같다.

- 주제
- 가설
- 목표와 성공 지표
- 중요한 이정표

이때 각 개발 단계를 설명하는 용어들을 전사적으로 통일시키면 현재 어떤 활동을 진행 중인지 전 직원이 이해할 수 있다. 우리는 다음 4단계를 사용한다.

실험

어떤 문제가 있는지, 해결할 가치가 있는 문제인지 파악하는 단계다. 문제 탐구와 해결 방안 탐구활동을 수행한다. 실제로 프로그램에 들어갈 코드를 짜지는 않는다.

알파

앞 단계에서 도출한 해결 방안을 고객들이 좋아할지 알아보는 단계다. 최소한의 기능만 구현하거나 해결 방안을 투박하게 실험하는 수준이지만 코드가 작동하므로 소수의 사용자가 사용해볼 수 있다. 이 사용자들은 자신이 이 기능을 남들보다 먼저 사용해보고 있으며, 효과가 신통치 않으면 바뀌거나 무산될 수 있다는 것도 알고 있다.

베타

기술적 관점에서 어떤 해결 방안을 확장할 수 있는지 알아보는 단계다. 항상 필요한 것은 아니지만 위험을 줄이는 데 유용한 단계다. 알파 단계에서 보다 많은 사용자에게 기능을 공개하지만 아직은 사용자 전체가 아닌 일부만 대상으로 한다. 아직 시험 단계이기 때문이다. 이제 고객들이 이 해결 방안을 원한다는 것이 검증된 상태이므로 기술적으로 불안정하지 않은 이상 출시가 무산될 가능성은 작다.

범용

앞에서 도출한 해결 방안을 모든 고객에게 널리 공개할 수 있는 단계다. 영업팀은 범용 프로덕트를 공개적으로 홍보하고 타깃시장에 최대한 많이 판매할 수 있다.

용어를 통일해두면 경영진과의 소통과 타 부서와의 협력이 수월해진다. 로드맵이 엉성하면 프로덕트 팀과 영업팀 사이에 갈등이 생기기 쉽다. 프로덕트 매니저가 내게 와 영업팀에 대해 투덜댈 때마다 100원씩이라도 돈을 받았었다면 나는 이 책을 쓰고 있지도 않았을 것이다. 그저 남태평양에 섬이나 하나 사서 하루 종일 코코넛이나 따먹으면서 살았을 텐데. 하지만 불만을 들어주는 시간은 돈이 안 되니 어쩌겠나?

변수가 많은 소프트웨어 개발업계의 특성을 고려하면 현재 상황을 알려주는 것이 두려울 수도 있다. 그래도 필요한 일이다. 프로덕트 매니지먼트가 있어야 영업전략도 나온다. 이 책 초반에서 설명했듯이 전략을 중심으로 기업이 정렬되기 어렵다는 점에서 영업중심 조직은 위험하다.

그래도 영업팀에게는 판매할 것이 필요하다. 고객에게 홍보할 수 있는 업무 협약과 로드맵을 만들어야 프로덕트 팀과 영업팀이 좋은 관계를 맺을 수 있다. 범용으로 공개되거나 베타 단계 이후에 나오는 모든 기능을 영업 로드맵에 추가할 수 있다는 협약을 맺을 수 있다.

업무 협약을 맺고 리듬과 로드맵을 충족하는 형태의 바람직한 의사소통이 있으면 사내 정렬 문제는 상당수 해소된다. 특히 영업중심 기업을 프로덕트 중심 기업으로 탈바꿈하는 과정에 도움이 된다. 하지만 이 모든 것을 해내는 것이 보통 일이 아니어서 프로덕트 운영팀이 필요한 것이다.

프로덕트 운영

프로덕트 팀 몇 개만으로 이루어진 기업이라면 일의 진행 상태를 비교적 쉽게 확인할 수 있다. 경영자가 프로덕트 매니저에게 가 목표 달성 현황을 물어보면 된다. 보통 진행 과정은 팀 수준에서 정한다. 업무 조율은 큰 걱정거리가 아니다.

하지만 프로덕트 팀이 늘수록 진척 상황, 목표, 진행 과정을 추적하기 힘들어진다. 크리스가 진척 상황을 알기 어렵다고 말한 것도 그런 문제였다. 마케틀리에서 전략과 목표 배치, 실험 성과 이해, 진척 상황 보고는 프로덕트 책임자 혼자 감당하기에는 과중한 업무였다. 프로덕트 성장에 집중해야 할 개발팀에게 운영 업무는 주위를 산만하게 만드는 요인이었다.

업무 분장을 돕기 위해 우리는 상급직원이 이끌면서 CPO에게 보고하는 프로덕트 운영팀을 만들었다. 이 상급직원은 운영과 보고를 도와줄 직원 2

명과 함께 작은 팀을 꾸렸다. 그들은 전략 리듬을 감독하고 진척 상황 추적을 위해 협력할 분석업체를 물색하고 목표 달성 현황을 취합, 정리해 경영진이 볼 보고서를 작성했다. 그 덕분에 개발 담당자들은 자신의 주 특기에 집중하고 운영 담당자들의 보고서를 바탕으로 정보에 근거한 판단을 내릴 수 있었다.

더 큰 조직도 마찬가지겠지만 규모를 키워야 한다. 우리는 이것을 프로덕트 운영팀이라고 부른다. 성장 단계에 있는 기업에서는 상급직원(마케틀리에서처럼 CPO 밑에 있는 사람) 1명이 이 팀을 이끈다. 큰 조직의 프로덕트 운영 팀도 CPO에게 보고하지만 주로 부사장급 경력이 있는 책임자가 업무를 감독한다. 이 팀은 프로덕트 팀이 달성해야 할 모든 운영과 과정 처리 업무가 능률적으로 이루어지게 한다. 이때 필요한 일들을 살펴보자.

- 팀 전체의 목표 달성 과정과 성과 관련 데이터를 자동으로 취합하는 효율적인 방식을 고안한다.
- 프로덕트 조직 전반의 목표, 성과, 로드맵, 과정, 생산능력, 비용을 보고하고 이 활동들의 재무적 결과를 경영진이 볼 수 있게 정리한다.
- 프로덕트 분석 플랫폼을 마련해 운영하면서 조직 전반의 프로덕트 업무 지표를 보고한다.
- 전략 리듬, 실험 과정 추적 및 의견 등 팀 전반의 프로덕트 개발 과정을 표준화하고 데이터 수집, 목표 설정, 로드맵 제작과 유지를 통해 프로덕트 기능을 문서화하고 영업을 지원한다.
- 전략 수립, 전략 배치, 출시를 위한 주요 프로덕트 회의를 주최해 진행한다.
- 프로덕트 팀을 위한 지도와 교육을 진행한다.

이 팀을 만드는 목적은 프로덕트를 어떤 식으로 개발하라고 지시를 내리는 것이 아니라 업무의 투입물과 산출물 기준을 세우는 것이다. 예를 들어, 운영팀은 프로덕트 로드맵을 만들지 않는 대신 어떤 사용자를 실험 타깃으로 삼아야 할지 개발팀이 알 수 있도록 도와주는 체계를 마련한다. 프로덕트 운영팀은 프로젝트 매니저와 프로덕트 담당자로 구성되어야 한다. 이 팀에 개발자도 몇 명 넣으면 필요에 따라 타사의 기술을 통합하거나 특정 용도의 맞춤형 프로그램을 개발할 수 있다.

나는 스크럼 팀이 350개 이상인 기업과 일하면서 프로덕트 운영팀을 도입한 적이 있었다. 그 전까지 그 회사에는 목표를 표면화하는 것은 고사하고 프로덕트 출시나 테스트 과정이 표준화되어 있지 않았다. CPO는 적절한 정보 없이 포트폴리오 관련 결정을 내리는 데 한계를 느끼고 좌절했다.

이렇게 새 팀이 생기면서 프로덕트 운영 부사장이 된 담당자에게 나는 말했다. "팀장으로서 성공하려면 운영팀 업무를 자동화해야 해요." 프로덕트 매니저인 그는 내 말을 이해했다. 운영팀은 규모를 키우기 위해 만드는 팀이 아니라 자동화, 간소화, 최적화를 위한 효율성 강화 엔진이다. 이 분야에서 해야 할 일이 많기 때문에 팀이 해체되지는 않겠지만 필요 이상으로 덩치를 불리려고 하면 안 된다.

프로덕트 운영팀은 규모를 갖추고 원활히 운영되는 프로덕트 조직의 핵심 요소로서 조직 전반의 의사소통과 정렬 상태를 조율한다. 하지만 이런 팀만 만든다고 회사 전반에 프로덕트 중심의 사고방식이 저절로 생기지는 않는다. 성과를 보고함으로써 행동 변화를 시작할 수는 있지만 이만큼 왔다가 벽에 부딪치는 기업도 종종 본다. 그것은 기업이 변화를 꾀하는 와중에도 보상은 기존 방식을 답습하는 이들에게 안겨주기 때문이다.

21장

보상과 성과급

보상과 성과급은 이 세상 모든 직장인을 움직이는 동기요인이다. 프로덕트 중심 기업으로 탈바꿈하려는 기업들에서 발견되는 가장 큰 문제는 현재의 보상체계로 올바른 행동을 장려할 수 있는지를 평가하지 않는다는 것이다.

내가 함께 일했던 한 회사는 사내 점수표를 기준으로 전 직원에게 상여금을 지급했다. 매년 연간 목표 계획을 정하고 점수표에 추가해 직원들에게 배정했다. 대부분의 점수표 항목은 목표 도달이 아닌 산출물 완성으로 채워져 있었다.

첫 면담에서 프로덕트 책임자들에게 성공 여부 측정 방식을 물었더니 그들은 웃었다. "매년 12월이 되면 저희가 뭘 하는지 아세요? 하던 일을 다 멈추고 점수표만 쳐다봐요. 1년 전에 보고 별로 중요한 것 같지 않아 개발을 미루어둔 기능이 있으면 아무렇게나 작업해서 요구사항을 채워요. 점수표를 채우려고 똥이든 된장이든 시간 안에 개발할 수 있는 것을 시장에 내놓는 거라고요. 그러다가 1월이 되면 이상한 코드들을 뜯어 고치느라 정신이 없지만 그래야만 3월에 상여금을 받으니까요."

상여금이 연봉에서 큰 비중을 차지하다 보니 전 직원이 목표를 달성해 이 돈을 받기 위해 매년 한 달이라는 시간을 허비하고 있었다.

나는 프로덕트 매니저들로부터 '목표는 뭐든지 상관없고 이 기능을 내놓기만 하면 된다'라는 식의 말을 수없이 들었다. 프로덕트 매니저의 자질이 훌륭하더라도 마찬가지다. 훌륭한 프로덕트를 개발하고 싶지만 현재의 환경에서 그럴 수 있다고 믿지 못하는 것이다. 그게 잘못된 방식인 걸 알면서도 회사 정책 때문에 개발 함정으로 끌려가는 것이다.

고객을 돕기 위해 필요한 지식을 얻거나 문제를 해결하는 대신 제품부터 출시하고 봐야 생계유지가 된다면 직원들은 개발 함정에 빠질 수밖에 없다. 이런 환경에서는 새로운 것을 시도하기도 두렵다. 이런 정신은 혁신을 억누른다. 알맞은 교육을 받고 좋은 프로덕트 매니지먼트 원칙을 따르고 싶은 사람들이 많지만 그랬다간 돈을 못 벌기 때문에 나설 수 없는 것이다. 기업의 대대적인 변신을 위해 담당자들에게 새로운 업무 방식을 요구하면서, 그들의 성과를 판단할 땐 왜 낡은 잣대를 들이댈까?

성과급 지급 정책을 만드는 건 보통 경영진과 임원이기에 이런 현실은 프로덕트 매니저가 어쩔 수 없는 부분이라고 생각하기 쉽다. 하지만 다 그런 건 아니다. 나는 과감히 맞서라고 조언한다. 두려운 건 알지만 효과가 있을 수도 있다. 한 컨퍼런스에서 내 워크숍에 참가했던 프로덕트 매니저는 자신이 잘못된 제품을 개발하는 것 같다고 말했다. "상사에게 얘기하고 싶지만 불안해요. 제 일자리가 걸려 있거든요. 제가 담당한 프로덕트가 사실은 개발할 가치가 없다고 말하는 거니까요. 제 상여금 전액이 이 제품 출시에 달려 있는데 말이에요."

우리는 이 프로덕트 매니저가 속한 조직의 정책을 개선할 방법에 대해 이야기를 나눴고, 그는 상사에게 자신이 처한 상황을 털어놓았다. 해당 부서의 전략을 분석한 결과, 현재 개발 중인 프로덕트는 좋은 생각이 아니라는 것을 알 수 있는 초도 데이터가 나왔다고 설명했다. 상사도 그 말에 동감했다. 둘은 두 달 안에 그 프로덕트 개발 철회 방안을 논의했고 그는 더 중요한 제품 담당과 승진이라는 선물을 받았다. 서로에게 행복한 결말이었다.

상급자가 아니라면 정책의 많은 부분을 바꾸는 것이 어렵지만 그런 메시지를 전달할 수 있는 사람들이 사고방식을 바꾸도록 노력해볼 수는 있다. 그렇게 할 때 올바른 방향의 대화가 시작될 수 있다. 상사에게 성공의 진정한 의미에 대해 이야기하자. 완료 여부를 판단하는 기준을 정의하자. 이 프레임워크를 활용해 검토 과정에서 대화를 유도하고 데이터를 항상 지참하자.

보상과 성과급은 프로덕트 팀, 나아가 타 부서의 행동에까지 영향을 미친다. 그중 눈에 띄는 변화가 일어날 곳은 영업부서다. 영업팀은 대부분 판매를 담당한다. 계약을 맺고 수익을 낸다. 보통 연봉의 큰 비중을 차지하는 커미션을 사수하기 위해 고객들에게 과도한 약속을 하는 경우가 허다하다.

나는 영업부서가 로드맵을 뺑튀기하는 바람에 개발 진도가 2년이나 늦어졌다. 고객들은 화가 났고 직원 이직률도 높아졌다. 영업팀들이 실적을 채우느라 엉뚱한 고객들을 공략하는 경우도 목격했다. 그런 고객은 금방 떠난다. 영업팀이 계속 판매하도록 장려금을 유지하면서도 연봉 구성 비율을 조정해 커미션에 대한 생계 의존도를 낮추면 그들이 적절한 고객층을 공략하도록 유도할 수 있다.

자신이 책임자 위치에 있다면 직원 장려금 지급 방식을 재검토해보자. 성과를 내고 사용자에 대해 배우고 적절한 사업 기회를 찾아내 사업을 진전시키는 사람에게 보상이 주어져야 한다. 나머지는 결국 허영 지표일 뿐이다.

22장

안전과 학습

보상 체계와 더불어, 조직 문화도 혁신을 가로막기 쉬운 요소다. 산출물만을 성공 지표로 삼는 실수를 고치더라도 직원들이 새로운 시도를 꺼릴 수 있다. 왜 그럴까? 어쩌면 조직이 실패하고 배우기 위한 안전망이 부족한지도 모른다.

마케틀리가 성공한 비결은 직원들이 실험하는 동안 CEO와 임원들이 뒤로 물러나 있었던 것이다. 살짝 초조했지만. 프로덕트 매니저는 조직의 신임을 받을 때 비로소 다양한 선택지를 탐구할 수 있다. 진정으로 한계를 뛰어넘으려면 팀원들이 무모한 도전을 해야 한다. 처음 생각했던 해결 방안이 아니거나 처음에는 모든 질문의 답을 구하지 못했을 수도 있지만 그 알쏭달쏭한 길을 탐험하지 못하게 하면 현재 상태에서 절대로 앞으로 나아갈 수 없다. 현재 상태는 안전하다. 현재 상태는 혁신을 가로막는다. 그렇다고 장렬히 실패해야 한다는 뜻은 아니다. 린 스타트업이 뜨면서 우리는 성과에 주목하기 시작했지만 한편으로 실패를 예찬하게 됐다. 여기서 확실히 정리하고 넘어가자. 실패하면서 배운 게 없다면 성공이 아니다. 학습은 모든 프로덕트 중심 조직의 핵심이다. 학습이 조직을 이끄는 원동력이 돼야 한다.

다만, 가진 돈과 시간을 쏟아부은 후 공개적으로 거창하게 실패하기보다 일찍 소소하게 실패하면서 무엇이 성공할 것인지 학습하는 편이 낫다. 프로덕트 매니지먼트에서 문제와 해결 방안을 탐구하는 것은 시장에 나와 실패할 위험을 줄이기 위해서다.

물론 매우 장렬히 실패할 수도 있다. 그런 상황에 대응하는 방식이 기업 문화를 결정한다. 나는 넷플릭스가 두 회사로 분사를 시도한 일화를 좋아한다. 2011년 넷플릭스는 DVD 사업을 '퀵스터Qwikster'라는 새 회사로 분할을 시도했다. 시장의 반응은 싸늘했다. 사람들은 단단히 화가 나 구독을 취소하고 신랄한 글을 썼다. 이제 넷플릭스는 끝이라고 비난하는 글이 많았다. 넷플릭스는 계획을 서둘러 철회하는 것으로 답했다.

넷플릭스가 그 실패를 만회하지 못할 거라고 예상한 사람이 많았지만 현재의 넷플릭스를 보라. CEO는 그 선택이 회사 전략의 핵심에서 어긋났다고 설명하고 뛰어난 주문형 오락물로 고객을 만족시킨다는 뿌리로 돌아가겠다며 사과했다. 그들은 원래의 위치를 회복하고 계속 전진했다. 그리고 그 경험을 핑계삼아 혁신을 절대로 억누르지 않았다. 그보다 몇 년 앞으로 시간을 되감으면 넷플릭스는 드라마를 자체 제작하고 있었다. 엄청난 실험이었다. 그 메시지는 지극히 분명했다. 넷플릭스는 한계를 뛰어넘기 위한 혁신을 할 수 있는 안전지대라는 것이다.

직원들에게서 혁신을 바라고 기막히게 좋은 신제품을 원하는 기업이 많다. 하지만 혁신을 원한다면 실패하더라도 안전하다는 합의가 있어야 한다. 사내에 안전망이 마련되어 있지 않으면 프로덕트 매니저는 마음 편히 새로운 시도를 할 수가 없다. 누가 하겠는가?

기업들은 위험 관리 이야기를 즐겨 한다. 얄궂게도 위험 관리를 위한 궁극의 전략은 바로 실험이다. 일찍부터 실험에 착수하면 나중에 수십억 달러를 쓰고 실패하지 않아도 되기 때문이다. 넷플릭스는 퀵스터를 미리 시험할 수 있었지만 검증되지 않은 아이디어를 대대적으로 밀어붙였다. 다행히 즉시 반응이 나와 계획을 시정할 수 있었지만 그런 행운이 매번 찾아오는 것은 아니다.

수많은 기업이 서서히 실패한다. 프로덕트를 출시해놓고 반응을 전혀 측정하지 않는다. 자리에 가만히 앉아서 가치가 창출되는지는 신경도 안 쓰고 끝없는 '기능의 바다'에서 제품이 먼지나 뒤집어쓰게 한다. 그것은 더 위험하고 비용도 많이 드는 실패의 길이다. 개발 과정에서 자잘한 실패를 허용하는 것보다 갈 길을 잃은 채 천천히 현금을 태워가며 10년에 걸쳐 실패하는 것이 더 큰 문제다.

프로덕트 중심의 사고방식을 장착하고 직원들에게 실패할 자유를 주면 실험에 일찍 돌입하므로 적은 비용으로 빠르게 조용히 실패할 수 있다. 그런 실패를 장려해야 한다. 그런 실패가 만회할 수 있는 실패다.

이상적인 프로덕트 매니저는 위험을 줄여주는 사람으로서 이렇게 말해야 한다. "이 프로덕트가 정말 개발할 만한 물건인지 모르는 상태에서 개발을 진행하는 것만큼 비용이 많이 드는 것도 없다고 생각합니다. 정말 우리가 원하는 제품이 맞는지 어떻게 실험할 수 있을까요? 제가 자금을 투자하기 전에 우리가 올바른 길을 가고 있다는 확신을 가지려면 어떡해야 하죠?" 직원들에게 그런 여지를 주는 책임자가 개발 함정을 피하고 최상의 결과를 얻는다.

직원들의 한계선을 정해주는 것도 책임자의 몫으로 이런 말을 할 수 있어야 한다. "실험을 진행하지만 예산은 10만 달러만 쓸 수 있어요. 그 이상은 투자할 수 없어요. 나중에 진척 상황을 보고 자금을 더 투입할지 생각해보죠."

한계선을 정하는 방법은 다양하다. 나는 의사소통 장에서 언급했던 것처럼 사용자 기반을 알파 테스트와 베타 테스트 집단으로 구분하는 방식을 주로 권장한다. 처음부터 사용자 전체를 상대하는 대신, 대표성 있는 소수 집단에게 제품을 먼저 공개해 그들로부터 배우고 더 확신이 생기면 더 많은 사용자에게 공개한다. 그러면 정식 출시에 필요한 홍보 비용을 줄이고 프로덕트가 기대에 못 미치면 철회할 수 있다.

책임자든 프로덕트 매니저든 누구에게나 첫 번째 실험이 가장 두렵기 마련이다. 나는 프로덕트 매니저들이 두려움을 떨치도록 한계선 이야기를 하라고 조언한다. 여러분 실험의 영향력을 상사에게 설명해주자. 위험을 어떻게 줄일 계획인가? 비용을 어떻게 절약할 수 있는가?

내가 처음 진행해본 실험은 앞서 이야기했던, 유명인을 동원하는 온라인 쇼핑몰 회사에서였다. CEO는 우리 회사의 유명인 판매자들을 제품 마케팅에 활용하자는 훌륭한 아이디어를 냈다. 실행 방법은 의논할 여지가 남아 있었다. 첫 번째 아이디어는 홈페이지에 트위터와 같은 인터페이스를 적용해 유명인들이 마음에 드는 제품의 메시지를 자유롭게 올리는 것이었다. 나는 이 아이디어가 매출을 올려줄지 실험해보기로 했다.

이틀 만에 간단한 실험 방식을 구상했다. 실질적인 데이터를 도출하는 데 충분한 소규모 사용자 집단과 기능을 실험한 결과, 그 아이디어는 매출에 전혀 도움이 되지 않았다. 다음으로는 그 유명인의 팬들에게 이메일로 홍보하는 접근법을 시도했다. 그 결과, 매출이 3배 상승했다! 나는 처음 아이디어를 그대로 실행했을 때 들었을지도 모르는 비용을 계산해 두 번째 아이디어에 들어간 비용과 비교해보고 CEO에게 설명했다. "업무 방식을 바꾼 덕분에 비용을 25만 달러나 아끼고 매출을 3배나 올렸습니다." 그는 감동했다! 우리는 큰 비용을 아끼는 동시에 목표를 몇 배나 초과 달성했다.

이렇게 실험을 앞세우는 업무 형태의 중요성을 소소한 방식으로 입증함으로써 나는 조직의 인정을 받고 내게 필요한 안전망을 얻어냈다. 실험이 항상 성공한 것은 아니지만 나는 그런 접근 방식으로 최종 선택의 위험을 줄였다는 것을 알려 조직의 신임을 받고 앞으로 나아갈 수 있었다.

지금 이 책을 읽는 프로덕트 매니저 여러분도 상사에게 전하는 메시지를 바꾸어 이런 업무 방식에 대한 신뢰를 받을 방법을 생각해보자. 책임자 위치에 있는 독자 여러분은 새로운 업무 방식도 유익할 수 있다는 가능성을 믿고 프로덕트 매니저의 제안을 거절하는 대신 그들을 위한 한계선을 정해주자. 그리고 마지막으로 경영자 여러분은 직원들이 안전하게 학습할 공간을 만들어줄 방법을 생각해보길 바란다.

23장

예산 책정

산출물보다 성과물을 우선시하는 조직 문화를 만들어주는 중요한 요소 중 하나는 예산 책정 방식이다. 한 국제 금융서비스 기업 CTO가 내게 자문을 구한 적이 있었다. 그는 조직 상부로 올라갈 때마다 만나는 여러 문제의 원인이 예산 책정 방식이라는 것을 깨달았다고 말했다.

그는 이렇게 설명했다. "매년 연간 계획 주기가 있어요. 경영진이 부사장단 전원에게 무엇을 출시할 계획인지 물어봅니다. 부사장들은 프로덕트 매니저에게 비즈니스 안건을 작성하게 해 그중 어디에 투자할지 결정했습니다. 이 비즈니스 안건들은 턱없이 부족한 데이터에 기반하며 추정치도 대략적입니다. 그들은 모든 비즈니스 안건을 그 해의 거대한 로드맵으로 바꾸어 팀들에게 배분한 후 프로젝트마다 예산을 배정합니다. 연말까지 프로젝트가 로드맵에 맞게 완수되어 있지 않으면 내년 예산이 줄어듭니다."

"그게 무슨 뜻인지 아세요? 개발 비용을 줄이거나 아예 제품 개발을 접어도 된다는 사실이 드러나도 일단 개발하고 본다는 말이죠. 예산을 다 쓰지 않으면 불리해지니까요."

미쳤다. 그 예산을 연간 단위로 집행하므로 팀들은 1년 동안 방향을 바꿀 힘을 박탈당한다. 조직 스스로 빠른 학습과 반복의 길을 거부하고 있다.

프로덕트 개발 예산 집행에는 벤처투자자처럼 다가가는 것이 훨씬 현명하다. 스타트업들은 투자자에게 자신의 비전과 취합한 데이터를 내세워 그 비전이 실현되고 시장에서 수익을 낼 수 있다는 것을 입증해야 한다. 그들은 투자자에게 다가가 말한다. "지금 저희 상태는 이렇고 다음 목표는 이겁니다. 목표를 달성하려면 이 금액이 필요합니다." 투자자가 주는 돈은 스타트업이 수익을 낼 때까지 앞으로 나아가도록 도와주지만 어떤 이유로든 다음 단계로 발전하지 못하는 기업에게는 투자가 끊기고 투자자에게 투자수익을 안겨주는 다른 기업이 그 자금을 차지한다.

프로덕트 중심 기업은 그들의 포트폴리오 배분과 업무 진행 단계를 기준으로 투자하고 예산을 집행한다. 즉, 프로덕트 라인들 중 '아는 줄 아는' 상태로 개발 준비가 된 것들에 자금을 적절히 배정하고 기업의 사업 모델을 발전시킬 새 기회를 발굴할 자금은 따로 배정한다. 그런 다음 기회들이 검증되어 갈수록 배정되는 액수가 늘어난다.

예를 들어, 새로운 사업소득원을 창출할 신규 프로덕트 라인을 구축하려고 한다면 시작 단계에서는 5만 달러를 요청해 새 분야를 탐구하고 무엇이 있는지 알아볼 수 있다. 진출 가능한 시장이 입증되고 성공 가능성을 보여주는 데이터가 나오면 25만 달러를 요청해 더 깊이 탐구하거나 제품 개발에 착수할 수 있다. 어떤 프로덕트가 성공할지 탐구하고 이해하고 구상한 후 6개월 동안 사용자들에게 보여줄 작은 버전을 개발한다. 사람들이 그 제품을 잘 사용하면 100만 달러 단위의 더 큰 예산을 요청해 프로덕트 라인을 성장시킬 규모를 확장하고 자금을 투입한다.

이것은 마케틀리에서 일어난 최대 변화였다. 그들은 1년에 한 번씩 예산을 집행하는 낡은 방식에서 탈피했다. 그 대신 프로덕트 포트폴리오 전체 예산을 배정하고 제품 계획 검토시간에 성과의 확실도를 기준으로 자금을 어디에 투입할지 결정했다.

모든 투자를 소박하게 시작하는 것은 아니다. 사업 기회의 종류와 데이터 양에 따라 처음부터 더 큰 금액이 필요할 수도 있다. 다만, 프로덕트를 다음 단계로 발전시키는 것을 기준으로 모든 예산을 집행해야 한다. 그래야 팀들의 집중력을 높이는 동시에 예산 낭비를 예방하는 데 효과적이다.

24장

고객 중심

적절한 의사소통, 보상, 성과급, 예산 책정, 정책, 안전망 모두 조직을 이루는 중요 요소지만 진정한 프로덕트 중심 기업이 되려면 하나가 더 필요하다. 학습을 장려하고 그에 보상하는 문화와 더불어 고객에게 집중하는 문화를 일궈야 한다. 아마존, 넷플릭스, 자포스, 달러 쉐이브 클럽Dollar Shave Club과 같은 상당수 최고 기업들이 고객에게 집중함으로써 현재 위치에 올랐다. 경영진이 고객을 대하고 그들에 대해 말하는 방식에 이런 태도가 묻어 있다.

아마존의 성공 비결에 대한 제프 베조스의 명언이 있다. "가장 중요한 단한 가지 비결은 강박적으로 고객에 집중하는 겁니다. 지구상에서 가장 고객중심적인 기업이 되는 것이 우리의 목표입니다." 이 방식은 아마존이 하는 모든 일을 제대로 정의하면서 성과를 올리고 있다. 그들은 사용자가 아마존에서 필요한 상품을 쉽게 찾아 구매하고 주문한 상품을 이틀 안에 무료배송받고 다양한 오락물까지 즐길 수 있는 회원제 서비스인 '프라임Prime'을 만들었다. 2012년 2,500만 명이던 프라임 가입자 수는 2018년 1억 명을 돌파했다.

고객중심적 태도의 핵심은 스스로 고객의 입장이 되어 '우리 고객을 만족시키고 우리 사업을 발전시키는 것은 무엇일까?' 생각해보는 것이다. 이 책을 시작하면서 우리는 프로덕트 매니지먼트가 가치 교환이라고 말했다. 고객을 중심에 두면 어떤 프로덕트와 서비스가 고객 측면에서 가치를 전달할 것인지 알아낼 수 있다.

고객중심적 태도의 중요성을 잘 아는 또 다른 기업을 꼽자면 아이오와에 있는 영농기술 기업 존 디어John Deere가 있다. 나는 이 회사의 프로덕트 매니저 케빈 사이들Kevin Seidl을 인터뷰한 적이 있다. 그의 말에 의하면 존 디어는 직원들에게 고객들을 적극적으로 만나러 다닐 것을 권한다고 한다. "자기들이 뽑은 소프트웨어 엔지니어들이 농업 전문가가 아니라는 걸 안 거죠. 개발자들은 모두 도시 출신이어서 농부들이 기르는 옥수수가 여러 종류인지 전혀 몰랐어요." 그래서 밖에 나가 실제로 농부들을 보러 다니라고 하는 거죠."

존 디어는 직원들을 회사에서 몇 km 떨어진 정식 농장으로 보냈다. 사람들이 장비를 사기 전에 시험해볼 수 있도록 구비해둔 실제 농장이었다. 엔지니어와 프로덕트 매니저도 농장에 가서 농사일을 배웠다. 존 디어에는 취미로 농사를 짓는 직원들도 있었다. 소프트웨어 팀에는 금요일마다 밭에 가 작물을 회전시키는 일을 도와주는 직원이 많았다.

존 디어의 철저한 고객중심 태도는 힘든 시기에 더 분명히 드러난다. 사이들은 회사가 경제적으로 휘청거릴 때마다 고객들을 방문할 수 있었다고 말했다.

그것이 고객중심적 태도다. 고객에 대한 깊은 이해야말로 훌륭한 프로덕트 개발의 가장 중요한 요소라는 것을 아는 것이다. 이 말은 '프로덕트 중심'이라는 말의 핵심이기도 하다.

산출물이 아닌 성과물에 집중하고 적절한 인물에게 적절한 역할을 부여하고 제안을 따라 좋은 전략 배치 과정을 고안하고 적절한 체계와 정책을 갖추어도 개발 함정에 머물 수 있다. 개발 함정에서 탈출하려면 제안을 따르는 데 그치지 말고 조직 전체를 바꾸어야 한다.

25장

마케틀리, 프로덕트 중심 기업으로 거듭나다

마케틀리가 개발 함정에서 완전히 벗어나기까지는 몇 년이 더 걸렸다. 많은 직원이 매우 오랫동안 산출물중심적 사고방식으로 일했다. 원래부터 그들은 프로덕트 중심의 새로운 업무 방식을 믿지 않았다. 하지만 해가 바뀌고 정식 결과가 나오기 시작하자 그들도 수치를 놓고 논쟁을 벌이기는 어려웠다. 기업 고객과 개인 고객에게서 벌어들이는 수익을 성장시키고 전략적 의도를 달성한 결과, 마케틀리는 거액을 받고 더 큰 교육기업에 인수됐다.

마케틀리는 목표를 달성할 때까지 기한을 두지 않고 전략의 우선순위를 계속 설정했다. 연간 예산 책정과 전략 수립 시기를 인위적으로 정해두는 관행을 없애고 투자자의 마음으로 매년 성장 전략에 예산을 집행하는 한편, 프로덕트 팀이 실험과 연구를 통해 검증한 계획들에 자금을 투입했다. 결국 마케틀리는 초기에 나왔던 아이디어를 상당수 포기한 덕분에 목표 달성에 꼭 필요한 일에만 집중할 수 있었다.

마케틀리의 CEO 크리스는 조직 책임자로부터 변화가 시작된다는 사실을 스스로 이해했다. 그것이 마케틀리의 성공 비결이다. 크리스는 자신이 성과물지향적, 고객중심적 사고방식을 취하고 불확실성을 기꺼이 받아들이지 않으면 아무 직원도 그렇게 안 할 거라는 걸 알고 있었다. 그는 초기에 내게 이렇게 말했다. "제 자신부터 변할 생각이 없으면서 어떻게 직원들이 변하길 바라겠어요?"

처음에는 그도 변화를 받아들이기 힘들었지만 프로덕트를 중심에 두었을 때 얻게 될 가치를 믿었다. 그 전환 과정에서 기업들이 저지르는 가장 큰 실수 중 하나는 경영진이 변화를 자신들이 아닌 다른 직원들의 몫으로 여기는 것이다. 나는 크리스에게 직원들에게 변화를 떠넘기다가 변신에 실패한 기업들을 보아왔다고 일러주었다. 그는 내 말을 들었다.

그는 CPO 제니퍼처럼 명석한 프로덕트 책임자들을 곁에 두고 직원들이 성과를 낼 수 있도록 믿어주었다. 더 많은 상급 프로덕트 담당자들이 후배 직원들을 가르치도록 장려했다. 크리스타와 그의 팀원들은 초기 성공담의 주인공이 되었다. 조직 전체가 그들의 이야기를 공유했고 신규 직원들도 그 경험담을 들으면서 자신도 고정관념에서 탈피할 수 있다는 것을 알게 되었다.

크리스타는 마케틀리에서 빠르게 승진하다가 회사가 인수되면서 프로덕트 부사장 자리에 올랐다. 그래서 지금은 더 큰 교육기업의 신규 사업 분야 연구를 담당하고 있다. 훨씬 더 큰 회사에서 그의 실험정신을 발휘하기는 쉽지 않았지만 직급이 높아지면서 기회가 더 많아지고 프로덕트 개발에 대한 직원들의 인식을 바꾸어나갈 권한도 생겼다.

마케틀리는 고객중심의 프로덕트 매니지먼트 부서를 만들고 올바른 전략으로 그들을 뒷받침하고 실험을 위한 안전망과 학습을 장려하는 정책을 마련해 개발 함정에서 탈출했다. 산출물이 아닌 성과물에 집중함으로써 실제로 변화를 이루어낼 수 있었다.

개발 함정에서 빠져나오는 것은 분명히 가능하다. 다만, 시간과 노력이 필요할 뿐이다. 1년 만에 뚝딱 해내는 일이 아니다. 업무 방식은 물론 조직 자체의 사고방식을 바꾸어야 한다. 최고 책임자부터 프로덕트 관리자들까지 조직 구성원 전체가 참여해야 한다. 이 책을 읽음으로써 여러분도 첫 단추를 끼웠다. 이제 온전히 기능하는 프로덕트 조직을 꾸리면 비로소 첫 도약이 시작될 것이다.

개발 함정에서 벗어나 프로덕트 중심 기업으로 거듭나기

최근 이런 질문을 받았다. "프로덕트 매니저로 일하면서 배운 가장 중요한 것은 무엇인가요?"

나는 조금 당황했다. 달랑 하나만 배운 게 아니라 커리어를 쌓아가는 여러 단계에서 많은 것을 배워야만 했기 때문이다.

프로덕트 매니저로 첫 걸음을 내디뎠을 때는 겸손을 배워야 했다. 내 역할은 거창한 아이디어를 내는 게 아니라 나쁜 아이디어를 끝장내는 것이었다. 우리 팀의 지원과 승인을 받아 훌륭한 프로덕트를 만들려면 겸손을 배워야 했다. 팀원들과 실험하면서 데이터의 힘을 배웠다. 어떤 의견이 나오든 데이터가 백전백승이다.

고위직으로 올라가면서 훌륭한 전략 틀이 회사의 성패를 좌우한다는 것을 배웠다. 성과를 기준으로 사람들의 성공을 판단하지 않으면 절대로 그런 성과를 낼 수 없다. 나쁜 전략 틀의 무게에 짓눌려 허물어지는 기업도 가끔 보아왔다.

컨설턴트가 된 후에는 조직 내 인물들의 힘을 배웠다. 사람들은 항상 좋은 프로덕트를 방해한다. 아무리 유익한 아이디어가 나와도 윗자리에 있는 이해당사자가 개인적으로 추구하는 방향과 안 맞으면 무산될 수 있다. 위험을 줄이려면 사람의 마음을 무엇이 움직이는지 깊이 이해하고 그들을 설득할 정보와 데이터를 제시해 동기를 자극해주어야 한다.

훌륭한 직원을 도저히 성공할 수 없는 환경에 밀어넣는 것이야말로 그들의 사기를 꺾는 지름길이라는 사실도 컨설팅을 통해 알게 됐다. 그럴 때 대부분 회사를 떠난다. 그런 환경에서는 아무리 뛰어난 프로덕트 매니저라도 매일 아침 출근하는 발걸음이 무거워진다. 제대로 일할 수 있는 방향으로 기업 정책을 바꿔보려고 고군분투하느라 최고의 제품을 개발하는 데 써야할 시간을 너무 많이 허비한다.

사실 프로덕트를 중심에 두는 조직은 드물다. 하지만 프로덕트 중심적 사고방식은 승리하는 전략이다. 아마존, 넷플릭스, 구글 등 오늘날 최고의 자리를 지키는 기업치고 고객의 요청이라면 무엇이든 수용하고 개발해주는 곳은 없다. 애자일 프로세스를 무작정 따르면서 만들 수 있는 기능을 빨리 빨리 개발하고 보지 않는다. 그 대신 고객에게 가치를 전달한다는 의도 아래 프로덕트를 개발한다.

그들의 문화에는 이미 애자일적이고 고객중심적인 사고방식이 스며들어 있다. 그들은 사용자의 문제를 해결해주는 프로덕트를 만드는 것이 제품개발의 기본이라는 것을 안다. 하기로 되어 있는 일이라고 무조건 하지는 않는다. 그들은 사업을 진전시킬 프로덕트를 개발한다.

내가 프로덕트 매니지먼트 일을 시작한 10년 전에는 주변에 동지가 거의 없었지만 지금은 자신에게 맞는 조직에서 일하려는 똑똑하고 유능한 프로덕트 매니저가 많다. 프로덕트 중심 조직에 합류해 고객들이 좋아할 만한,

기막힌 프로덕트를 개발하고 싶어한다. 더 많은 기업이 개발 함정에서 빠져나와 이 프로덕트 매니저들이 능력을 발휘해 우리 모두 좋아할 프로덕트를 만들도록 자율권을 주길 바란다.

마지막으로 여러분의 회사가 프로덕트 중심 기업이 맞는지, 갈 길이 얼마나 먼지 판단하도록 6개 질문을 준비했다. 나도 어떤 기업이 개발 함정에서 탈출했는지 판단하기 위해 항상 하는 질문이다. 면접을 앞둔 프로덕트 매니저에게는 이 질문을 통해 얼마나 일하기 좋은 회사인지 판단하라고 조언한다.

여러분의 기업은 프로덕트 중심 조직에 얼마나 가까울까?

프로덕트 중심 기업 여부를 판단하기 위한 6개 질문

최근 개발한 기능이나 프로덕트 관련 아이디어는 누가 냈는가?

나는 프로덕트 매니저가 혼란스러워하는 모습을 보고 싶을 때 이 질문을 던진다. "누가 아이디어를 냈냐뇨? 우리 팀이죠. 맞죠? 보통 그렇게 하잖아요." 이런 대답이 나오면 건전한 프로덕트 매니지먼트 조직이라는 신호다. 경영진이 목표를 정하고 실무진에게 목표 달성 방안을 구상할 여지를 주는 것이다. 프로덕트 매니저는 사용자가 겪는 문제를 파악하고 해결하는 과정을 주도해야 한다. 가끔 경영진도 중요한 계획이나 해결 방안 아이디어를 제안할 수 있지만 그것은 일상이 아닌 예외적 상황이어야 한다.

실무진이 개발 중인 제품을 책임지면서도 '왜' 개발하는지 모른다면 상황이 심각하다. 아이디어를 구상한 사람이 개발할 '대상'과 '이유'를 함께 생각하지 않았다는 뜻이기 때문이다.

최근 무산시킨 프로덕트는 무엇이었는가?

프로덕트 매니지먼트 문화가 건전하지 않다는 또 다른 신호는 회사의 목표 달성에 기여하지 못하는 프로덕트나 아이디어를 무산시키지 못하는 것이다. "우리는 아무 것도 무산시키지 않아요." 이런 말이 나오면 보통 매우 큰 문제가 있다는 뜻이다. 이런 일이 발생하는 원인은 주로 다음과 같다.

- 고객에게 이미 그 아이디어를 약속했다. 보통 마케팅 담당자가 고객에게 특정 기능이 있을 거라고 약속하고 회사는 그 약속을 완전히 지켜야 한다는 사명감을 가진다. 고객이 실제로 요청했는지, 조직이 원하는 목표를 달성해줄 수 있는지는 중요하지 않다.

- 예산을 바꿀 수 없다. 연초에 예산을 집행하는 대규모 조직에서는 팀이 예산을 완전히 소진하지 않으면 이듬해에 그만큼의 예산을 받지 못한다. 당황스러운 개념이지만 엄연한 현실이다.

- 경영진에게 밀어붙이지 못한다. 다시 말하지만 구상한 기능을 제대로 시험하거나 조사하지 못한다는 것은 팀에 자율권이 부족하다는 신호다. 경영진에게 가 '시험 결과가 안 좋아요. 돈을 들여 개발할 가치가 없는 것 같아요'라고 말하기 두렵다면 프로덕트 매니저가 성공할 환경일 가능성은 낮다.

마지막으로 고객과 대화한 것은 언제였는가?

"경영진이 고객들과 대화를 못하게 해요. 우리가 고객들을 너무 귀찮게 할까 봐 걱정하거든요." 정말 끔찍한 말이다.

기업과 고객이 건전한 대화를 나누지 않는 이상 고객이 원하거나 필요로 하는 것을 제대로 학습할 방법은 없다. 성공의 발판이 마련된 조직에서는 프로덕트 매니저가 고객과 대화하는 것을 허락하고 더 나아가 장려한다. 이 과정이 프로덕트 매니지먼트 업무에서 큰 비중을 차지한다는 것도 인정한다. 사실 피면접자는 면접관을 유심히 관찰해야 한다. 그래서 그 면접관이 고객과 편하게 대화를 나눌 수 있고 근무시간 내내 안전한 사무실에서 사용자 스토리만 쓰지 않는다는 것을 확인해야 한다.

무엇이 목표인가?

면접 과정에서 모든 프로덕트 매니저에게 처음 던지는 질문이다.[1] 프로덕트 매니저가 목표를 명확히 표현하지 못한다면 조직 수준에서 프로덕트 매니지먼트가 제대로 이루어지지 않고 있다는 신호다. 프로덕트 매니저에게 목표는 있지만 성과보다 산출물에 집중하는 것도 바람직하지 않은 신호다. 산출물 중심 팀은 프로덕트 출시 마감일을 기준으로 성공을 측정한다. 이 제품이 실제로 회사에 어떻게 기여하는지는 별로 신경쓰지 않는다.

프로덕트 매니저는 고객을 위한 가치를 창출함으로써 회사를 위한 가치를 창출하기 위해 존재한다. 기업의 비전을 이해하지 못하는 프로덕트 매니저가 목표에 도달할 방법을 어떻게 알아내겠는가? 목표는 성과를 지향하고 실행 가능해야 하고 조직 전체에 명료하게 전달되어야 한다.

현재 무슨 일을 하고 있는가?

진정으로 성공하는 프로덕트 매니저는 프로덕트 개발팀이 세상에 내보내는 해결 방안보다 해결하기 위해 노력 중인 문제 자체에 더 열정을 보인다. 나는 그런 태도를 중요한 성공 신호로 보며 이 질문을 하는 이유와도 밀접한 관련이 있다. 프로덕트 매니저에게 이 질문을 할 때 나는 그들이 사용자와 회사를 위해 어떤 큰 문제와 씨름 중인지 듣기 위해 애쓴다. 물론 해결 방안 관련 이야기도 나오겠지만 문제 해결을 위해 무엇을 하겠다는 맥락에서 해결 방안이 나와야 한다. 조직 전체가 그런 태도를 갖도록 장려하면 모든 수준에서 그 영향을 목격할 수 있다.

---

1   면접을 보는 것이 프로덕트 매니지먼트다(Interviewing for the Job is Product Management) https://tipm.feedbackloop.com/episodes/interviewing-for-the-job.

사내 프로덕트 매니저들은 어떤가?

프로덕트 매니저로서 우리는 이 역할을 존중하고 중시하는 조직에서 일하려고 한다. 나는 프로덕트 매니지먼트 직무를 존중하지 않는 여러 조직을 보았다. 원인은 2가지였다. 프로덕트 매니저가 너무 강해 보이거나 너무 약해 보이는 것이었다.

전자의 경우, 프로덕트 매니저는 팀원들을 의사결정에 참여시키지 않고 요구사항을 던져주는 독재자로 비친다. 그러면 팀원들은 동료가 아닌 소모품이 된 기분에 점점 분개한다. 훌륭한 프로덕트 매니저는 팀 전체의 동의를 구하는 것이 중요하다는 것을 안다. 프로덕트 매니저는 혼자 아이디어를 내는 것이 아니라 팀원들의 모든 역량을 끌어내야 한다. 개발팀이나 UX팀에서 '우리 프로덕트 매니저는 좋은 분이에요. 방향이 명확하고 잘 소통되고 우리가 목표와 문제에 집중하게 해줘요'라는 말이 나온다면 건전한 프로덕트 팀이다.

후자의 경우, 조직 내에서 프로덕트 매니저가 약해 보인다면 이해관계자[2]와 경영진에게 이리저리 휘둘렸기 때문이다. 프로덕트 매니저로 비치지 않는 프로덕트 매니저는 의사결정권을 갖지 못한다. 이해관계자와 경영진은 프로덕트 매니저를 이용해 자신의 아이디어를 지시할 뿐이다. 프로덕트 매니저는 역풍을 맞을까 두려워 감히 거절할 엄두를 못낸다.

프로덕트를 만드는 사람들에게 이상적인 조직에서 프로덕트 매니저는 회사의 방향, 고객에게 제공하는 서비스 형성을 이끄는 책임자로 존재한다. 이런 조직에서는 조타실에서 함께 키를 잡은 동료로서 그들을 존중한다. 지금까지 살펴본 6개 질문은 프로덕트 매니저로서 여러분이 현재 소속되

---

2 이해관계자들을 결집시키는 것이 프로덕트 매니지먼트다(Rallying Stakeholders is Product Management) https://tipm.feedbackloop.com/episodes/rallying-stakeholders

어 있거나 앞으로 몸담고 싶은 기업이 어떤 조직인지, 성공을 위해 여러분
이 할 수 있는 모든 것을 지원해주고 격려해줄 곳인지 알려주는 길잡이다.

찾아보기

개발 함정을 탈출하라

진정한 가치를 창출하는 프로덕트 매니지먼트의 길

발 행 | 2021년 3월 31일

지은이 | 멜리사 페리
옮긴이 | 권 혜 정

펴낸이 | 권 성 준
편집장 | 황 영 주
편 집 | 이 지 은
디자인 | 윤 서 빈

에이콘출판주식회사
서울특별시 양천구 국회대로 287 (목동)
전화 02-2653-7600, 팩스 02-2653-0433
www.acornpub.co.kr / editor@acornpub.co.kr

한국어판 © 에이콘출판주식회사, 2021, Printed in Korea.
ISBN 979-11-6175-505-2
http://www.acornpub.co.kr/book/escaping-build-trap

책값은 뒤표지에 있습니다.